승무원 중국어 면접 바이블

승무원 중국어 면접 바이블

발행일	2017년 11월 8일

지은이	장 사 랑		
펴낸이	손 형 국		
펴낸곳	(주)북랩		
편집인	선일영	편집	이종무, 권혁신, 최예은
디자인	이현수, 김민하, 한수희, 김윤주	제작	박기성, 황동현, 구성우
마케팅	김회란, 박진관, 김한결		
출판등록	2004. 12. 1(제2012-000051호)		
주소	서울시 금천구 가산디지털 1로 168, 우림라이온스밸리 B동 B113, 114호		
홈페이지	www.book.co.kr		
전화번호	(02)2026-5777	팩스	(02)2026-5747

ISBN	979-11-5987-837-4 13720(종이책)	979-11-5987-838-1 15720(전자책)

잘못된 책은 구입한 곳에서 교환해드립니다.

이 책은 저작권법에 따라 보호받는 저작물이므로 무단 전재와 복제를 금합니다.

이 도서의 국립중앙도서관 출판예정도서목록(CIP)은 서지정보유통지원시스템 홈페이지(http://seoji.nl.go.kr)와 국가자료공동목록시스템(http://www.nl.go.kr/kolisnet)에서 이용하실 수 있습니다.
(CIP제어번호 : CIP2017029020)

(주)북랩 성공출판의 파트너

북랩 홈페이지와 패밀리 사이트에서 다양한 출판 솔루션을 만나 보세요!

홈페이지 book.co.kr　•　**블로그** blog.naver.com/essaybook　•　**원고모집** book@book.co.kr

한번에 합격할 수 있는
항공사 중국어 면접 실전 매뉴얼

북랩 book Lab

승무원
중국어 면접
바이블

장사랑 지음

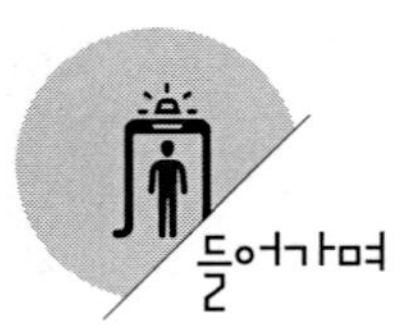

이 책은 승무원의 꿈을 안고 나에게 찾아온 한 사람의 학생으로부터 시작되었다. 그 학생 또한 당시 승무원 면접을 준비하는 학생들의 어려움을 고스란히 겪고 있는 승무원 준비생 중 한 사람이었다. 나를 처음 찾아왔을 때 그 학생의 중국어 실력은 규범화되지 않은 중국어 교육을 받아 이미 망가질 대로 망가져 있는 상태였다.

가장 검증된 중국어교육 평가체제로 인정받는 新HSK성적 취득자임에도, 병음조차 제대로 읽지 못했고, 발음은 엉망진창이었다. 그런 학생에게 문법과 어휘에 대한 이해를 바라는 것은 그야말로 어불성설이었다.

그래서 나는 그 학생을 붙잡고, 중국어의 문법 뼈대와 엄마, 아빠를 읽는 법부터 다시 가르쳤다. 그리고 두 달 만에 중국 유학 1~2년 차들이 획득한다는 중국어회화시험 오픽중국어 IM레벨을 획득하는 쾌거를 거두었다.

그 두 달 동안 학생은 수업 시간마다 승무원 면접을 준비하는 학생들이 얼마나 많은 어려움을 겪고 있는지, 또 승무원 면접을 준비하는 학생들에게 중국어교육전문가의 부재가 얼마나 큰 어려움과 곤란을 가지고 왔는지에 대해 열변을 토하며 나를 설득했다. 중국어만큼은 선생님 같은 중국어교육전문가가 승무원을 준비하는 학생들을 가르쳐야 한다고.

당시만 해도 나는 승무원이라는 직업과 중국어는 딱히 공통분모가 없다고 생각했다. 중국어가 승무원 중국어 따로, 일상회화 따로 있는 것이 아니기에. 중국어는 그저 중국어 그 자체일 뿐이기에. 아니 오히려 승무원이기 때문에 더욱 기초적이고 기본적인 중국어에 대한 이해와 회화 능력이 필요하다고 생각했다.

하지만 나를 필요로 하는 현장에 대한 겸손과 진중함을 가지고 나니, 이 현장이 마음에 담기기 시작했다.

그런 이유로 한 사람의 학생을 돕고자 했던 내가 어느새 다수의 국내외 항공사 합격자를 배출한 강사로 학생들과 만나고 있다.

이 책에는 지난 10여 년간 쌓아온 나의 중국어 지식뿐 아니라, 학생들을 향한 내 진심을 오롯이 담아 놓았다.

나는 오늘도 나를 만나는 모든 학생들이 성공하고, 꿈을 이루는 기적이 있기를 기도한다.

저자 장사랑

　사람마다 중국어를 배우는 목적은 무척 다양합니다만 부인할 수 없는 사실은 이제 많은 산업 분야에서 중국어는 필수 요건 중 하나로 자리 잡았다는 것입니다. 항공승무원 또한 예외는 아닙니다. 그러나 승무원이 실제 업무 환경에서 중국인 승객들과 원활한 소통을 한다는 것은 결코 쉬운 일이 아니며, 그러한 이유로 현장에서는 중국어 실력을 갖춘 승무원들이 더 많은 환영을 받습니다.

　구체적으로 기내 상황을 예로 들어볼까요?

　여전히 많은 중국인 승객들이 영어보다는 중국어로 소통하기를 원합니다. 또한 중국인 승객 분들 중에는 영어를 전혀 구사하지 못하는 분들도 있습니다. 이런 경우에 승무원은 반드시 중국어로 승객과 소통을 하고, 응대 서비스를 해야 합니다. 그러나 기본적인 응대 서비스 외에도, 환승절차 안내, 휠체어 서비스, 비상구 좌석 안내 등과 같은 상황에서도 중국어로 의사소통을 해야 하는 경우가 상당히 많습니다.

모국어 의사소통이 자유롭지 않은 기내 환경에서, 중국어를 구사할 수 있는 승무원은 중국인 승객들에게 안정감과 깊은 호감을 줄 수밖에 없으며, 이는 해당 항공사에 대한 호감으로 이어집니다. 그러므로 중국인 승객과 소통할 수 있는 승무원은 기내에서 누구보다 중요한 역할을 발휘하게 됩니다.

승무원이 되고자 하시는 많은 승무원 준비생 분들은 자신이 가지고 있는 무기가 무엇인지 곰곰이 생각해보시기 바랍니다. 그 무기라는 것은 호감 가는 이미지일 수도 있고, 원만한 인간관계일 수도 있고, 활발한 성격일 수도 있고, 강인한 체력일 수도 있습니다.

그러나 중국어를 나의 특기로 삼겠다고 확정했다면, 내실 있는 실력을 갈고 닦으세요. 그렇게 된다면 여러분은 그 중국어 덕분에 어디서든 인정받고 환영받게 될 것입니다.

특히 승무원 중국어는 다른 무엇보다도, 규범화된 지식을 가진 중국어 전문가의 도움을 필요로 합니다. 알맹이는 없고, 흉내 내기에 급급한 중국어만 배우게 된다면, 현장에서는 결국 모래성처럼 무너지게 됩니다.

　내실이 강한 중국어 실력을 갖추면, 언제 어디서든지 당당하고 유창하게 중국어로 기내 서비스를 행할 수 있습니다. 그렇기 때문에 승무원 중국어야말로, 승무원의 업무에 대한 이해를 가진, 검증된 중국어 교육 전문가에게 배우는 것이 아주 중요합니다.

　제가 실제 강의를 통해 만난 이 책의 저자 장사랑 선생님은 검증된 중국어 교육 전문가입니다. 통역사 출신의 사랑 선생님은 다년간의 다양한 업무 경험을 바탕으로, 승무원이 되고자 하는 학생들에게 보다 전문화된 중국어 지식을 전수해 주십니다.

　사랑 선생님은 항상 올바르고, 정확한 중국어를 가르치기 위해 부지런히 연구하는 교육 종사자로서, 학생들에게 다소 어려울 수 있는 중국어를 누구보다 빠른 시간 안에 쉽고, 정확하게 가르쳐 주십니다. 특히, 학습자가 중국어를 공부하면서 느낄 수 있는 어려운 점과 우리가 알게 모르게 범하는 오류 등을 잘 알아 섬세하게 가르쳐 주십니다.

그런 가르침을 통해 저는 선생님이 그동안 중국어에 대해 얼마나 많은 고민과 연구를 이어오고 계셨는지 느낄 수 있었습니다.

이 책에는 지금까지 다수의 국내 항공사 및 중국 항공사 승무원을 배출한 선생님의 노하우가 오롯이 녹아 있습니다.

저는 승무원이 되고자 하는 여러분들이 중국어 교육 전문가인 사랑 선생님을 만나 살아있는 중국어를 배우기를 바랍니다. 또한 여러분이 오랫동안 꿈꾸었던 승무원이라는 꿈을 반드시 이루시기를 기대하고 기다리겠습니다.

전직 대한항공 객실승무원

박설현

CONTENTS

PART 01   면접 필수항목

01 승무원을 지칭하는 단어

승무원	乘务员	chéngwùyuán
항공승무원	航空乘务员	hángkōng chéngwùyuán
항공승무원	空中乘务员	kōngzhōng chéngwùyuán
항공승무원	空乘	kōngchéng
스튜어디스	空中小姐	kōngzhōng xiǎojiě
스튜어디스	空姐	kōngjiě
스튜어드	空中少爷	kōngzhōng shàoyé
스튜어드	空少	kōngshào
스튜어드	空哥	kōnggē

02 승객을 지칭하는 단어

| 승객 | 乘客 | chéngkè |
| 승객 | 旅客 | lǚkè |

면접 필수항목

첫 인사

初次问候
Chūcì wènhòu

(1) **各位考官好!**

Gèwèi kǎoguān hǎo!

면접관님 안녕하십니까!

(2) **各位评委, 您好!**

Gèwèi píngwěi, nín hǎo!

심사위원 여러분 안녕하십니까!

(3) **尊敬的各位面试官, 大家好!**

Zūnjìng de gèwèi miànshì guān, dàjiā hǎo!

존경하는 면접관님 안녕하십니까!

(4)　**尊敬的各位领导，　您好!**

Zūnjìng de gèwèi lǐngdǎo, nín hǎo!

존경하는 면접관님 안녕하십니까!

(5)　**尊敬的各位评委老师，　大家好!**

Zūnjìng de gèwèi píngwěi lǎoshī, dàjiā hǎo!

존경하는 심사위원 여러분 안녕하십니까!

(6)　**各位尊敬的考官，　大家好!**

Gèwèi zūnjìng de kǎoguān, dàjiā hǎo!

존경하는 면접관님 안녕하십니까!

02

이름 소개

介绍自己的名字

Jièshào zìjǐ de míngzi

(1)　**我叫**(성+이름)。

Wǒ jiào (　　　).

저는 (　　　)입니다.

(2)　**我是来自**(지역)**的**(성+이름)。

Wǒ shì lái zì (　　　) de (　　　).

저는 (　　　)에서 온 (　　　)입니다.

(3)　**我叫**(성+이름),　**您可以叫我**(이름)。

Wǒ jiào (　　　), nín kěyǐ jiào wǒ (　　　).

저는 (　　　)입니다. (　　　)라고 불러주세요.

면접 참여 소감

面试心得体会
Miànshì xīndé tǐhuì

(1) **首先我很高兴能参加**(회사명)**航空的面试。**

Shǒuxiān wǒ hěn gāoxìng néng cānjiā (　　) hángkōng de miànshì.

먼저 (　　　) 항공의 면접에 참여할 수 있게 되어 기쁩니다.

(2) **首先我很感谢能参加**(회사명)**航空的面试。**

Shǒuxiān wǒ hěn gǎnxiè néng cānjiā (　　) hángkōng de miànshì.

먼저 (　　　) 항공의 면접에 참여할 수 있게 되어 감사합니다.

(3) **首先我很荣幸能参加**(회사명)**航空的面试。**

Shǒuxiān wǒ hěn róngxìng néng cānjiā (　　) hángkōng de miànshì.

먼저 (　　　) 항공의 면접에 참여할 수 있게 되어 영광입니다.

(4) 首先很荣幸能得到这次面试机会。

Shǒuxiān hěn róngxìng néng dédào zhè cì miànshì jīhuì.

먼저 이번 면접 기회를 얻을 수 있게 되어, 영광입니다.

(5) 今天能在这里参加面试， 我感到非常的荣幸。

Jīntiān néng zài zhèlǐ cānjiā miànshì, wǒ gǎndào fēicháng de róngxìng.

오늘 이곳에서 면접에 참여할 수 있게 되어 너무나 영광스럽습니다.

각 항공사 중국어 명칭

대한항공	大韩航空	Dàhán hángkōng
아시아나항공	韩亚航空	Hányà hángkōng
제주항공	济州航空	Jìzhōu hángkōng
에어부산	釜山航空	Fǔshān hángkōng
진에어	真航空	Zhēn hángkōng
티웨이항공	德威航空	Déwēi hángkōng
이스타항공	易斯达航空	Yìsīdá hángkōng
에어서울	首尔航空	Shǒu'ěr hángkōng
에어아시아	亚洲航空	Yàzhōu hángkōng
중국동방항공	中国东方航空	Zhōngguó dōngfāng hángkōng
중국남방항공	中国南方航空	Zhōngguó nánfāng hángkōng
중국국제항공	中国国际航空	Zhōngguó guójì hángkōng
하이난항공	海南航空	Hǎinán hángkōng
천진항공	天津航空	Tiānjīn hángkōng
중화항공	中华航空(中華航空)	Zhōnghuá hángkōng

05

학교 및 전공

学校及专业

Xuéxiào jí zhuānyè

(1) **我毕业于**(학교명)**大学，专业是**(전공명)。

Wǒ bìyè yú (   )dàxué, zhuānyè shì (   ).

저는 (   )대학을 졸업하였으며, (   )을(를) 전공하였습니다.

(2) **我毕业于**(학교명)**大学，主修**(전공명)。

Wǒ bìyè yú (   )dàxué, zhǔ xiū (   ).

저는 (   )대학을 졸업하였으며, (   )을(를) 전공하였습니다.

(3) **我目前在**(학교명)**大学读书，专业是**(전공명)。

Wǒ mùqián zài (   )dàxué dúshū, zhuānyè shì (   ).

저는 현재 (   )대학에서 공부하고 있으며, (   )을(를) 전공하고 있습니다.

(4) 我目前在(학교명)**大学读书，** **主修**(전공명)。

Wǒ mùqián zài (　　　)dàxué dúshū, zhǔxiū (　　　).

저는 현재 (　　　)대학에서 공부하고 있으며, (　　　)을(를) 전공하
고 있습니다.

각 학교 명칭과 전공은 포털 사이트 중한사전을 참고하세요!

성격의 장점

你最大的优点是什么?

Nǐ zuìdà de yōudiǎn shì shénme?

당신의 가장 큰 장점은 무엇인가요?

(1) 我非常乐观， 所以不会把不开心的事情放在心里。

Wǒ fēicháng lèguān, suǒyǐ bú huì bǎ bù kāixīn de shìqíng fàngzài xīnlǐ.

저는 굉장히 낙관적인 사람입니다. 그래서 즐겁지 않은 일들은 마음에 담아 두지 않습니다.

(2) 我是一个开朗活泼的人。 所以我的适应能力很强。

Wǒ shì yíge kāilǎng huópō de rén. Suǒyǐ wǒ de shìyìng nénglì hěn qiáng.

저는 명랑하고 활발한 사람입니다. 그래서 적응력이 특히 강합니다.

(3) **我性格温柔体贴，喜欢照顾他人。**

Wǒ xìnggé wēnróu tǐtiē, xǐhuan zhàogù tārén.

저는 성격이 다정다감하고, 다른 사람을 돌보는 것을 좋아합니다.

(4) **我思想成熟，为人诚实，喜欢关心别人。**

Wǒ sīxiǎng chéngshú, wéirén chéngshí, xǐhuan guānxīn biérén.

저는 분별력이 있으며, 성실하고, 다른 사람에게 관심을 기울이는 것을 좋아합니다.

(5) **我接受能力强，具高度责任感。**

Wǒ jiēshòu nénglì qiáng, jù gāodù zérèngǎn.

저는 적응력이 강하고, 책임감이 아주 강합니다.

(6) **我个性稳重，办事认真，不怕辛苦。**

Wǒ gèxìng wěnzhòng, bànshì rènzhēn, búpà xīnkǔ.

저는 신중한 성격이며, 업무에 성실히 임하고, 고생을 두려워 하지 않습니다.

(7) 我有进取心，反应快。

Wǒ yǒu jìnqǔ xīn, fǎnyìng kuài.

저는 진취적이며, 반응이 빠릅니다.

(8) 我思想成熟，并具圆满的人际关系。

Wǒ sīxiǎng chéngshú, bìng jù yuánmǎn de rénjì guānxi.

저는 분별력이 있으며, 원만한 인간관계를 가지고 있습니다.

(9) 我是一个开朗成熟的人。

Wǒ shì yíge kāilǎng chéngshú de rén.

저는 명랑하고(쾌활하고) 성숙한 사람입니다.

(10) 我的上进心强，为人可靠。

Wǒ de shàngjìn xīn qiáng, wéirén kěkào.

저는 성취욕이 강하며, 신뢰할 수 있는 사람 됨됨이를 가지고 있습니다.

(11) 我头脑积极， 灵活。

Wǒ tóunǎo jījí, línghuó.

저는 명석하며 영리합니다.

(12) 我举止端正优雅， 性格好。

Wǒ jǔzhǐ duānzhèng yōuyǎ, xìnggé hǎo.

저는 몸가짐이 단정하고 우아하며, 성격이 좋습니다.

(13) 我喜欢交新朋友， 所以我的人际关系很好。

Wǒ xǐhuan jiāo xīn péngyou, suǒyǐ wǒ de rénjì guānxi hěn hǎo.

저는 친구를 사귀는 것을 좋아해서, 좋은 인간관계를 형성하고 있습니다.

(14) 我的耐心特别强。

Wǒ de nàixīn tèbié qiáng.

저는 인내심이 특히 강합니다.

(15) 我不怕挑战自己，也不怕冒险 。

Wǒ búpà tiǎozhàn zìjǐ, yě búpà màoxiǎn.

저는 저 자신에게 도전하는 것을 두려워하지 않으며 모험을 두려워하지 않습니다.

(16) 我喜欢给他人带来幸福。

Wǒ xǐhuan gěi tārén dàilái xìngfú.

저는 사람들에게 행복을 가져다 주는 것을 좋아합니다.

(17) 我是一个能照顾自己，也能照顾他人的孩子。

Wǒ shì yíge néng zhàogù zìjǐ, yě néng zhàogù tārén de háizi.

저는 저를 돌볼 수도 있고, 다른 사람도 돌볼 줄 아는 사람입니다.

(18) 我办事认真，责任心强。

Wǒ bànshì rènzhēn, zérèn xīn qiáng.

저는 성심을 다해 업무를 처리하며, 책임감이 강합니다.

(19) 我勤奋好学，待人很和气。

Wǒ qínfèn hàoxué, dàirén hěn héqì.

저는 겸손히 배우는 것을 좋아하며, 사람들을 따뜻하게 대합니다.

(20) 我虚心好学，待人热情。

Wǒ xūxīn hàoxué, dàirén rèqíng.

저는 겸손히 배우는 것을 좋아하며, 사람들을 친절히 대합니다.

(21) 我办事稳重认真。

Wǒ bànshì wěnzhòng rènzhēn.

저는 신중하고 성심을 다해 업무를 처리합니다.

(22) 我是一个富有团队精神的人。

Wǒ shì yíge fùyǒu tuánduì jīngshén de rén.

저는 협동심(팀워크)이 강한 사람입니다.

성격의 단점

你最大的缺点是什么?

Nǐ zuìdà de quēdiǎn shì shénme?

당신의 가장 큰 단점은 무엇인가요?

---

(1) 有时候，我想太多，所以偶尔会觉得压力。

Yǒushíhòu, wǒ xiǎng tài duō, suǒyǐ ǒu'ěr huì juéde yālì.

가끔 저는 생각이 많아지기도 합니다. 그래서 가끔은 스트레스를 받습니다.

(2) 我不知道怎么拒绝，偶尔会影响自身工作进度。

Wǒ bù zhīdào zěnme jùjué, ǒu'ěr huì yǐngxiǎng zìshēn gōngzuò jìndù.

저는 거절을 할 줄 몰라서, 가끔 저의 일(속도)에 영향을 주기도 합니다.

(3) 我凡事都追求完美， 有时候会给同事们带来一定的压
力。

Wǒ fánshì dōu zhuīqiú wánměi, yǒu shíhòu huì gěi tóngshìmen dàilái yídìng de yālì.

저는 무슨 일이든지 완벽을 추구하여, 가끔은 동료들에게 스트레스를 주기도 합니다.

(4) 我比较容易相信别人， 所以容易吃亏。

Wǒ bǐjiào róngyì xiāngxìn biérén, suǒyǐ róngyì chīkuī.

저는 비교적 쉽게 다른 사람 믿어, 쉽게 손해를 봅니다.

(5) 我做事太投入常常忘记吃饭睡觉。

Wǒ zuòshì tài tóurù chángcháng wàngjì chīfàn shuìjiào.

저는 일에 너무 빠져서 자주 밥을 먹고 잠을 자는 것을 잊어버립니다.

(6) 我总为了完全一个目的会过于追求完美。

Wǒ zǒng wèile wánquán yíge mùdì huì guòyú zhuīqiú wánměi.

저는 늘 하나의 목적을 완벽하게 이루어내기 위해서 너무 완벽을 추구합니다.

(7)　我的汉语水平不够好，　还需要很多工夫。

Wǒ de hànyǔ shuǐpíng búgòu hǎo, hái xūyào hěnduō gōngfu.

저의 중국어 실력은 아직 좋지 못하여, 여전히 많은 시간(노력)이 필요
합니다.

(8)　我性格太慎重，　做事不够果断。

Wǒ xìnggé tài shènzhòng, zuòshì búgòu guǒduàn.

저는 성격이 너무 신중하여, 일을 할 때 과감함이 부족합니다.

(9)　我自信心不足，　胆量有点小。

Wǒ zìxìn xīn bùzú, dǎnliàng yǒudiǎn xiǎo.

저는 자신감이 부족하고, 배짱이 조금 부족합니다.

(10)　我善于交际，　但容易感到寂寞，　害怕孤独。

Wǒ shànyú jiāojì, dàn róngyì gǎndào jìmò, hàipà gūdú.

저는 사교적이지만, 쓸쓸함을 쉽게 느끼고, 외로움을 두려워합니다.

(11) 我不管做任何事都不轻言放弃， 但有时过于顽固。

Wǒ bùguǎn zuò rènhé shì dōu bù qīngyán fàngqì, dàn yǒu shí guòyú wángù.

저는 어떤 일을 하든지 쉽게 포기하지 않지만, 가끔은 지나치게 고집스럽기도 합니다.

(12) 我感情丰富， 具有亲和力， 但有时容易情绪化。

Wǒ gǎnqíng fēngfù, jùyǒu qīnhélì, dàn yǒushí róngyì qíngxù huà.

저는 감정이 풍부하고, 친화적이나, 가끔은 쉽게 감정적으로 변합니다.

취미

你有什么兴趣爱好?

Nǐ yǒu shénme xìngqù àihào?

당신의 취미는 무엇인가요?

(1) 我喜欢(   )。

Wǒ xǐhuan (   ).

저는 (   )을(를) 좋아합니다.

(2) 我特别喜欢(   )。

Wǒ tèbié xǐhuan (   ).

저는 (   )을(를) 특히 좋아합니다.

(3) 我从小就很喜欢(   )。

Wǒ cóngxiǎo jiù hěn xǐhuan (   ).

저는 어릴 때부터 (   )을(를) 매우 좋아했습니다.

(4) 我从小就很爱(　　)。

Wǒ cóngxiǎo jiù hěn ài (　　).

저는 어릴 때부터 (　　)을(를) 매우 좋아했습니다.

취미 유형

❖ 노래하기	唱歌	chànggē
❖ 춤추기	跳舞	tiàowǔ
❖ 음악 듣기	听音乐	tīng yīnyuè
❖ 피아노 치기	弹钢琴	tán gāngqín
❖ 바이올린 켜기	拉小提琴	lā xiǎotíqín
❖ 플루트 불기	吹长笛	chuī chángdí
❖ 운동하기	锻炼身体	duànliàn shēnti
❖ 독서	看书	kànshū
❖ 뮤지컬 보기	看舞台剧	kàn wǔtáijù
❖ 영화 보기	看电影	kàn diànyǐng
❖ 청소하기	打扫	dǎsǎo
❖ 요리하기	做料理	zuò liàolǐ

❖ 천연화장품제작 制作天然化妆品 zhìzuò tiānrán huàzhuāngpǐn

❖ 커피 만들기 冲咖啡 chōng kāfēi

❖ 자전거 타기 骑自行车 qí zìxíngchē

❖ 배드민턴하기 打羽毛球 dǎ yǔmáoqiú

❖ 테니스하기 打网球 dǎ wǎngqiú

❖ 야구하기 打棒球 dǎ bàngqiú

❖ 축구하기 踢足球 tī zúqiú

❖ 산책하기 散步 sànbù

❖ 조깅하기 跑步 pǎobù

❖ 네일아트 做美甲 zuò měijiǎ

❖ 요가하기 做瑜伽 zuò yújiā

❖ 필라테스하기 做普拉提 zuò pǔlātí

❖스킨스쿠버하기 做潜水运动 zuò qiánshuǐ yùndòng

❖ 볼링하기 打保龄球 dǎ bǎolíngqiú

❖ 골프하기 打高尔夫球 dǎ gāo'ěrfūqiú

❖ 사진 찍기 拍照片 pāi zhàopiàn

❖ 드라이브하기 开车兜风 kāichē dōufēng

❖ 수영하기 游泳 yóuyǒng

❖ 그림 그리기 画画儿 huà huàr

(1)　因为我 (취미) 的时候，　心情会变得很开心。

Yīnwèi wǒ (　　) de shíhou, xīnqíng huì biàn de kāixīn.

왜냐하면 (　　)을 할 때, 마음이 즐거워지기 때문입니다.

(2)　因为我 (취미) 的时候，　心情会变得很轻松。

Yīnwèi wǒ (　　) de shíhou, xīnqíng huì biàn de hěn qīngsōng.

왜냐하면 (　　)을 할 때, 마음이 가벼워지기 때문입니다.

(3)　因为我 (취미) 的时候，　能消除压力。

Yīnwèi wǒ (　　) de shíhou, néng xiāochú yālì.

왜냐하면 (　　)을 할 때, 스트레스를 해소할 수 있기 때문입니다.

(4)　因为我 (취미) 的时候，　能缓解压力。

Yīnwèi wǒ (　　) de shíhòu, néng huǎnjiě yālì.

왜냐하면 (　　)을 할 때, 스트레스를 완화할 수 있기 때문입니다.

(5)　　因为我 (취미) 的时候，　心情会变得很舒服。

　　　　Yīnwèi wǒ (　　　) de shíhòu, xīnqíng huì biàn de hěn shūfu.

　　　　왜냐하면 (　　　)을 할 때, 마음이 편안해지기 때문입니다.

(6)　　因为我 (취미) 的时候，　能抛开一切的烦恼。

　　　　Yīnwèi wǒ (　　　) de shíhòu, néng pāo kāi yíqiè de fánnǎo.

　　　　왜냐하면 (　　　)을 할 때, 모든 고민을 내려놓을 수 있기 때문입니다.

특기

你的专长是什么?

Nǐ de zhuāncháng shì shénme?

당신의 특기는 무엇인가요?

---

(1) 我的特长是唱歌。

Wǒ de tècháng shì chànggē.

저의 장기는 노래 부르기입니다.

(2) 我的特长是跳舞。

Wǒ de tècháng shì tiàowǔ.

저의 장기는 춤추기입니다.

(3) 我的特长是弹钢琴。

Wǒ de tècháng shì tán gāngqín.

나의 장기는 피아노 치기입니다.

(4) 我的特长是拉小提琴。

Wǒ de tècháng shì lā xiǎotíqín.

나의 장기는 바이올린 켜기입니다.

(5) 我的特长是吹长笛。

Wǒ de tècháng shì chuī chángdí.

나의 장기는 플루트 불기입니다.

(6) 我的特长是制作天然化妆品。

Wǒ de tècháng shì zhìzuò tiānrán huàzhuāngpǐn.

저의 장기는 천연 화장품 만들기입니다.

(7) 我的手冲咖啡制作技巧很好。

Wǒ de shǒu chōng kāfēi zhìzuò jìqiǎo hěn hǎo.

저는 드립 커피를 잘 만듭니다.

(8) 我骑自行车骑得特别快。

Wǒ qí zìxíngchē qí de tèbié kuài.

저는 자전거를 특히 잘(빠르게) 탑니다.

(9) 我打羽毛球打得很好。

Wǒ dǎ yǔmáoqiú dǎ de hěn hǎo.

저는 배드민턴을 잘 칩니다.

(10) 我打网球打得很好。

Wǒ dǎ wǎngqiú dǎ de hěn hǎo.

저는 테니스를 잘 칩니다.

(11) 我打棒球打得很好。

Wǒ dǎ bàngqiú dǎ de hěn hǎo.

저는 야구를 잘합니다.

(12) 我踢足球踢得很好。

Wǒ tī zúqiú tī de hěn hǎo.

저는 축구를 잘합니다.

(13) 我做美甲做得很美丽。

Wǒ zuò měijiǎ zuò de hěn měilì.

저는 네일 아트를 아름답게 잘합니다.

(14) 瑜伽功是我的专长。

Yújiā gōng shì wǒ de zhuāncháng.

요가는 저의 특기입니다.

(15) 普拉提是我的专长。

Pǔlātí shì wǒ de zhuāncháng.

필라테스는 저의 특기입니다.

(16) 我打保龄球打得很好。

Wǒ dǎ bǎolíngqiú dǎ de hěn hǎo.

저는 볼링을 잘합니다.

(17) 我打高尔夫球打得很好。

Wǒ dǎ gāo'ěrfū qiú dǎ de hěn hǎo.

저는 골프를 잘 칩니다.

(18) 我拍照片拍得很精彩。

Wǒ pāi zhàopiàn pāi de hěn jīngcǎi.

저는 사진을 멋지게 찍습니다.

(19) 我的开车技术很好。

Wǒ de kāichē jìshù hěn hǎo.

저는 운전을 잘합니다.

(20) 我的主要特长是游泳。

Wǒ de zhǔyào tècháng shì yóuyǒng.

저의 주특기는 수영입니다.

(21) 我的主要特长是跆拳道。

Wǒ de zhǔyào tècháng shì táiquándào.

저의 주특기는 태권도입니다.

(22) 我从小就开始学画画儿，　所以画得很好。

Wǒ cóngxiǎo jiù kāishǐ xué huà huà'r, suǒyǐ huà de hěn hǎo.

저는 어릴 때부터 그림을 배우기 시작해, 그림을 잘 그립니다.

(23) 我插花的技术比较好。

Wǒ chāhuā de jìshù bǐjiào hǎo.

저는 꽃꽂이를 잘합니다.

(24) 我好像专职家庭主妇一样，很会料理家务。

Wǒ hǎoxiàng zhuānzhí jiātíng zhǔfù yíyàng, hěn huì liàolǐ jiāwù.

저는 가정주부처럼 집안일을 잘합니다.

(25) 我有逗人笑的特长。

Wǒ yǒu dòu rén xiào de tècháng.

저는 사람을 잘 웃기는 특기가 있습니다.

(26) 我的特长是对别人的名字过耳不忘的。

Wǒ de tècháng shì duì biérén de míngzi guò ěr bú wàng de.

저의 특기는 다른 사람들의 이름을 잘 기억한다는 것입니다.

(27) 我善于照顾小孩子。这就是我的特长。

Wǒ shànyú zhàogù xiǎo háizi. Zhè jiùshì wǒ de tècháng.

저는 아이를 잘 돌봅니다. 이것이 저의 특기입니다.

(28) 我聆听别人所说的话。 这就是我的特长。

Wǒ língtīng biérén suǒ shuō de huà. Zhè jiùshì wǒ de tècháng.

저는 다른 사람들의 말을 경청합니다. 이것이 저의 특기입니다.

(29) 我的汉语水平比较好。

Wǒ de hànyǔ shuǐpíng bǐjiào hǎo.

저는 중국어를 잘하는 편입니다.

(30) 我的英语水平比较好。

Wǒ de yīngyǔ shuǐpíng bǐjiào hǎo.

저는 영어를 잘하는 편입니다.

(31) 我的日语水平比较好。

Wǒ de rìyǔ shuǐpíng bǐjiào hǎo.

저는 일어를 잘하는 편입니다.

(32) 我的法语水平比较好。

Wǒ de fǎyǔ shuǐpíng bǐjiào hǎo.

저는 프랑스어를 잘하는 편입니다.

(33) 我的德语水平比较好。

Wǒ de déyǔ shuǐpíng bǐjiào hǎo.

저는 독일어를 잘하는 편입니다.

(34) 我的泰语水平比较好。

Wǒ de tàiyǔ shuǐpíng bǐjiào hǎo.

저는 태국어를 잘하는 편입니다.

(35) 我的阿拉伯语水平比较好。

Wǒ de ālābóyǔ shuǐpíng bǐjiào hǎo.

저는 아랍어를 잘하는 편입니다.

11

지원동기

你为什么选择我们公司?

Nǐ wèishénme xuǎnzé wǒmen gōngsī?

당신은 왜 우리 회사에 응시했나요?

---

(1) (　　)航空是实现旅客的幸福的航空公司，所以我想在
(　　)航空工作。

(　　) hángkōng shì shíxiàn lǚkè de xìngfú de hángkōng gōngsī,
suǒyǐ wǒ xiǎng zài (　　) hángkōng gōngzuò.

(　　)항공은 승객의 행복을 실현하는 항공사입니다. 그래서 저는 (　　)항
공에서 일하고 싶습니다.

---

(2) (　　)航空一直在实现旅客的幸福和快乐，所以我想在
(　　)航空工作。

(　　) hángkōng yìzhí zài shíxiàn lǚkè de xìngfú hé kuàilè，suǒyǐ
wǒ xiǎng zài (　　) hángkōng gōngzuò.

(　　)항공은 지금까지 승객의 행복과 기쁨을 실현해왔습니다. 그래서
저는 (　　)항공에서 일하고 싶습니다.

(3) 我朋友在(　　)航空工作。 他说, (　　)航空公司的安全
教育很严格, 非常重视旅客的安全, 所以我想在(　　)航
空工作。

Wǒ péngyou zài (　　) hángkōng gōngzuò. Tā shuō, (　　)
hángkōng gōngsī de ānquán jiàoyù hěn yángé, fēicháng zhòngshì
lǚkè de ānquán, suǒyǐ wǒ xiǎng zài (　　) hángkōng gōngzuò.

저의 친구는 (　　)항공에서 일하고 있습니다. 그는 (　　)항공의 안전
교육이 엄격하며, 승객의 안전을 굉장히 중시한다고 하였습니다. 그래
서 저는 (　　)항공에서 일하고 싶습니다.

(4) 很多人认为, (　　)航空的服务最好, 所以我想在(　　)
航空工作。

Hěnduō rén rènwéi, (　　) hángkōng de fúwù zuì hǎo, suǒyǐ wǒ
xiǎng zài (　　) hángkōng gōngzuò.

많은 사람들이 (　　)항공의 서비스가 가장 좋다고 생각합니다. 그래
서 저는 (　　)항공에서 일하고 싶습니다.

(5) 很多人认为, (　　)航空的票价很合理, 航空服务也很
好, 所以我想在(　　)航空工作。

Hěnduō rén rènwéi, (　　) hángkōng de piào jià hěn hélǐ, hángkōng
fúwù yě hěn hǎo, suǒyǐ wǒ xiǎng zài (　　) hángkōng gōngzuò.

많은 사람들이 (　　)항공의 항공권 가격이 합리적이며, 항공 서비스 역
시 좋다고 생각합니다. 그래서 저는 (　　)항공에서 일하고 싶습니다.

(6) 很多人认为，（　　　）航空的飞机内环境又舒适，又安全，
所以我想在（　　　）航空工作。

Hěnduō rén rènwéi, (　　　) hángkōng de fēijī nèi huánjìng yòu
shūshì, yòu ānquán, suǒyǐ wǒ xiǎng zài (　　　)hángkōng gōngzuò.

많은 사람들이 （　　　）항공의 기내 환경이 쾌적하며, 안전하다고 생각
합니다. 그래서 저는 （　　　）항공에서 일하고 싶습니다.

(7) 我认为（　　　）航空为了全世界的旅客已做出了很多创新，
并引领韩国旅游业。所以，我想在（　　　）航空工作。

Wǒ rènwéi (　　　)hángkōng wèile quán shìjiè de lǚkè yǐ zuò chū le
hěnduō chuàngxīn, bìng yǐnlǐng hánguó lǚyóu yè. suǒyǐ, wǒ xiǎng
zài (　　　)hángkōng gōngzuò.

저는 （　　　）항공이 지금까지 전 세계의 승객들을 위해 많은 혁신을 이
루어냈으며, 한국 여행업계를 이끌어 왔다고 생각합니다. 그래서 저는
（　　　）항공에서 일하고 싶습니다.

12

승무원의 자질

乘务员应该具备哪些职业素养?

Chéngwùyuán yīnggāi jùbèi nǎxiē zhíyè sùyǎng?

승무원은 어떤 직업적 소양을 갖추어야 하나요?

(1) 对一名优秀的乘务员来说, 责任心就是最重要的一个素质。 为了保证客舱安全和客舱服务, 责任心是最基本的条件。

Duì yì míng yōuxiù de chéngwùyuán lái shuō, zérèn xīn jiùshì zuì zhòngyào de yíge sùzhì. Wèile bǎozhèng kècāng ānquán hé kècāng fúwù, zérèn xīn shì zuì jīběn de tiáojiàn.

우수한 승무원에게 책임감은 가장 중요한 자질입니다. 객실 안전과 객실 서비스를 보장하기 위해서 책임감은 가장 기본적인 조건입니다.

(2) 如果乘务员要实现优质的服务， 那么他一定要具备强大的
    责任心。 我相信具备强大的责任心的乘务员开展服务的
    时候， 能满足乘客的需求。

Rúguǒ chéngwùyuán yào shíxiàn yōuzhì de fúwù, nàme tā yídìng
yào jùbèi qiángdà de zérèn xīn. Wǒ xiāngxìn jùbèi qiángdà de
zérèn xīn de chéngwùyuán kāizhǎn fúwù de shíhòu, néng mǎnzú
chéngkè de xūqiú.

만약 승무원이 우수한 서비스를 제공하고자 한다면, 반드시 강한 책
임감을 가지고 있어야 한다고 생각합니다. 저는 강한 책임감을 가진
승무원이 서비스를 제공할 때, 승객의 요구를 만족시킬 수 있다고 생
각합니다.

(3) 对一名优秀的乘务员来说， 对工作的热情很重要。 如果
    对自己的工作没有热心， 那么不会为乘客提供优质的服
    务。 乘务员看起来又高雅又轻松， 但实际上很劳苦。 因
    此， 他应保持工作热情。

Duì yì míng yōuxiù de chéngwùyuán lái shuō, duì gōngzuò de
rèqíng hěn zhòngyào. Rúguǒ duì zìjǐ de gōngzuò méiyǒu rèxīn,
nàme bú huì wèi chéngkè tígōng yōuzhì de fúwù. Chéngwùyuán
kànqilai yòu gāoyǎ yòu qīngsōng, dàn shíjìshang hěn láokǔ. Yīncǐ,
tā yīng bǎochí gōngzuò rèqíng.

훌륭한 승무원에게 업무에 대한 열정은 중요한 것입니다. 만약 자신의
업무에 열정이 없다면, 승객에게 우수한 서비스를 제공할 수 없을 것
입니다. 승무원이라는 이 직업은 보기에는 우아하고 편안해 보이지만,
사실 힘들고 고단합니다. 그래서 승무원은 업무에 대한 열정을 유지해
야 합니다.

(4) 对一名优秀的乘务员来说， 包容心和耐心很重要。 工作时， 会遇到不讲理的乘客。 这时候， 乘务员要耐心地聆听乘客的需求， 并带着好的心态去对待乘客。如果没有包容心和耐心的话， 那不会克服那些困难， 甚至会放弃自己的工作。

Duì yì míng yōuxiù de chéngwùyuán lái shuō, bāoróng xīn hé nàixīn hěn zhòngyào. Gōngzuò shí, huì yù dào bù jiǎnglǐ de chéngkè. Zhè shíhòu, chéngwùyuán yào nàixīn de língtīng chéngkè de xūqiú, bìng dàizhe hǎo de xīntài qù duìdài chéngkè. Rúguǒ méiyǒu bāoróng xīn hé nàixīn dehuà, nà bú huì kèfú nàxiē kùnnán, shènzhì huì fàngqì zìjǐ de gōngzuò.

훌륭한 승무원에게 포용력과 인내심은 중요합니다. 일을 하다 보면 말도 안 되는 억지를 부리는 승객을 만나기도 합니다. 이때 승무원은 인내심 있게 승객의 요구를 들을 수 있어야 하며, 올바른 마음의 자세로 승객을 대해야 합니다. 만약 포용력과 인내심이 없다면 이런 어려움들을 극복할 수 없을 것이며, 심지어는 자신의 일을 포기해버릴 수도 있습니다.

(5) 一名优秀的乘务员， 应该保证客舱安全， 并能开展优质的客舱服务。 对一名优秀的乘务员来说， 这两项工作能力是必不可少的。

Yì míng yōuxiù de chéngwùyuán, yīnggāi bǎozhèng kècāng ānquán, bìng néng kāizhǎn yōuzhì de kècāng fúwù. Duì yìmíng yōuxiù de chéngwùyuán lái shuō, zhè liǎng xiàng gōngzuò nénglì shì bì bùkě shǎo de.

훌륭한 승무원은 마땅히 객실안전을 보장할 수 있어야 하며, 우수한 객실 서비스를 제공할 수 있어야 합니다. 우수한 승무원에게 있어 이 두 가지 업무는 필수불가결한 것입니다.

(6) 乘务员应该重视团队精神。 为了开展优质的服务和保证客舱安全， 乘务员之间要有默契， 并能团结协作。

Chéngwùyuán yīnggāi zhòngshì tuánduì jīngshén. Wèile kāizhǎn yōuzhì de fúwù hé bǎozhèng kècāng ānquán, chéngwùyuán zhī jiān yàoyǒu mòqì, bìng néng tuánjié xiézuò.

승무원은 팀워크를 중시해야 합니다. 우수한 서비스를 제공하고, 객실 안전을 보장하기 위해서 승무원은 서로 호흡이 맞아야 하며, 협력할 수 있어야 합니다.

13

면접을 위한 노력

为了这个面试， 你做了什么样的努力?

Wèile zhège miànshì, nǐ zuòle shénmeyàng de nǔlì?

이번 면접을 위해서 당신은 어떤 노력을 했나요?

(1) 我为了这个面试做了很多努力。 比如， 学习 (汉语/英语/日语/游泳) 等， 也积累了一些工作经验。 为了实现自己的梦想， 我要持之以恒。

Wǒ wèile zhège miànshì zuòle hěnduō nǔlì. Bǐrú, xuéxí (hànyǔ/yīngyǔ/rìyǔ/yóuyǒng) děng, yě jīlěile yìxiē gōngzuò jīngyàn. Wèile shíxiàn zìjǐ de mèngxiǎng, wǒ yào chízhīyǐhéng.

저는 이번 면접을 위해서 많은 노력을 기울였습니다. 예를 들어 (중국어/영어/일본어/수영) 등을 배웠으며, 업무 경험들을 쌓았습니다. 저의 꿈을 이루기 위해 저는 끝까지 최선을 다할 것입니다.

(2)　我为了这个面试下了很多工夫。比如，　学习（汉语/英语/日语/游泳）等，　也积累了一些工作经验。为了成为优秀的乘务员，　我要全力以赴。

Wǒ wèile zhège miànshì xiàle hěnduō gōngfu. Bǐrú, xuéxí (hànyǔ/yīngyǔ/rìyǔ/yóuyǒng) děng, yě jīlěile yìxiē gōngzuò jīngyàn. Wèile chéngwéi yōuxiù de chéngwùyuán, wǒ yào quánlì yǐ fù.

저는 이번 면접을 위해 많은 시간을 들여왔습니다. 예를 들어 (중국어/영어/일본어/수영) 등을 배웠으며, 업무 경험들을 쌓았습니다. 훌륭한 승무원이 되기 위해 저는 전력을 다할 것입니다.

(3)　我为了自己的梦想作出了很大的努力。　比如，　学习（汉语/英语/日语/游泳）等，　也积累了一些工作经验。为了实现自己的目标，　我要尽最大努力。

Wǒ wèile zìjǐ de mèngxiǎng zuòchūle hěn dà de nǔlì. Bǐrú, xuéxí(hànyǔ/yīngyǔ/rìyǔ/yóuyǒng) děng, yě jīlěile yìxiē gōngzuò jīngyàn. Wèile shíxiàn zìjǐ de mùbiāo, wǒ yào jǐn zuìdà nǔlì.

저는 저의 꿈을 위해 많은 노력들을 해왔습니다. 예를 들어 (중국어/영어/일본어/수영) 등을 배웠으며, 업무 경험들을 쌓았습니다. 저의 목표를 이루기 위해서 저는 최선을 다할 것입니다.

(4) 我为了自己的梦想作出了许多努力。 比如， 学习（汉语/英语/日语/游泳）等， 也积累了一些工作经验。 为了实现自己的目标， 我不会轻易放弃。

Wǒ wèile zìjǐ de mèngxiǎng zuòchūle xǔduō nǔlì. Bǐrú, xuéxí(hànyǔ/yīngyǔ/rìyǔ/yóuyǒng) děng, yě jīlěile yìxiē gōngzuò jīngyàn. Wèile shíxiàn zìjǐ de mùbiāo, wǒ bú huì qīngyì fàngqì.

저는 저의 꿈을 위해서 아주 많은 노력들을 해왔습니다. 예를 들어 (중국어/영어/일본어/수영) 등을 배웠으며, 업무 경험들을 쌓았습니다. 저의 목표를 이루기 위해서 저는 쉽게 포기하지 않을 것입니다.

14

추천 취항지

你想推荐哪个目的地?

Nǐ xiǎng tuījiàn nǎge mùdìdì?

당신은 어느 취항지를 추천하고 싶나요?

(1) 我想推荐(도시이름)， 因为那里的风景很好。

Wǒ xiǎng tuījiàn ( ), yīnwèi nàlǐ de fēngjǐng hěn hǎo.

저는 ( )를 추천하고 싶습니다. 왜냐하면 그곳의 풍경이 좋기 때문
입니다.

(2) 我想推荐(도시이름)， 因为那里很热闹。

Wǒ xiǎng tuījiàn ( ), yīnwèi nàlǐ hěn rènào.

저는 ( )를 추천하고 싶습니다. 왜냐하면 그곳은 활기차기 때문입
니다.

(3) 我想推荐(도시이름)， 因为那里是很有名的旅游地。

Wǒ xiǎng tuījiàn ( ), yīnwèi nàlǐ shì hěn yǒumíng de lǚyóudì。

저는 ( )를 추천하고 싶습니다. 왜냐하면 그곳은 유명한 여행지이
기 때문입니다.

(4) 我想推荐(도시이름)， 因为那里的夜景特别美。

Wǒ xiǎng tuījiàn (　　　), yīnwèi nàlǐ de yèjǐng tèbié měi.

저는 (　　　)를 추천하고 싶습니다. 왜냐하면 그곳의 야경이 특별히 아름답기 때문입니다.

(5) 我想推荐(도시이름)， 因为那里的菜很好吃， 特别(음식이름) 很好吃。

Wǒ xiǎng tuījiàn (　　　), yīnwèi nàlǐ de cài hěn hǎochī, tèbié (　　　) hěn hǎochī.

저는 (　　)를 추천하고 싶습니다. 왜냐하면 그곳의 음식이 너무 맛있기 때문입니다. 특히 (　　　)가 맛있습니다.

(6) 我想推荐(도시이름)， 因为那边的海边美丽得不得了。

Wǒ xiǎng tuījiàn (　　　), yīnwèi nà biān de hǎibiān měilì dé bùdéliǎo.

저는 (　　)를 추천하고 싶습니다. 왜냐하면 그곳의 해변이 너무도 아름답기 때문입니다.

(7) 我想推荐(도시이름)， 在那边逛街很方便。

Wǒ xiǎng tuījiàn (　　　), zài nà biān guàngjiē hěn fāngbiàn.

저는 (　　)를 추천하고 싶습니다. 왜냐하면 그곳에서 쇼핑을 하면 편리합니다.

중국의 주요 취항지

(1)	广州	Guǎngzhōu	광저우
(2)	贵阳	Guìyáng	구이양
(3)	南宁	Nánníng	난닝
(4)	南京	Nánjīng	난징
(5)	大连	Dàlián	다롄
(6)	澳门	Àomén	마카오
(7)	牡丹江	Mǔdānjiāng	무단장
(8)	北京	Běijīng	베이징
(9)	上海	Shànghǎi	상하이
(10)	虹桥	Hóngqiáo	홍차오
(11)	厦门	Xiàmén	샤먼
(12)	沈阳	Shěnyáng	선양

(13)	深圳	Shēnzhèn	선전
(14)	西安	Xī'ān	시안
(15)	延吉	Yánjí	옌지
(16)	烟台	Yāntái	옌타이
(17)	乌鲁木齐	Wūlǔmùqí	우루무치
(18)	武汉	Wǔhàn	우한
(19)	威海	Wēihǎi	웨이하이
(20)	郑州	Zhèngzhōu	정저우
(21)	济南	Jǐnán	지난
(22)	长沙	Chángshā	창사
(23)	青岛	Qīngdǎo	칭다오
(24)	昆明	Kūnmíng	쿤밍
(25)	天津	Tiānjīn	톈진
(26)	杭州	Hángzhōu	항저우
(27)	合肥	Héféi	허페이
(28)	香港	Xiānggǎng	홍콩
(29)	黄山	Huángshān	황산

대표적인 중국 요리

(1)	炒茄子	Chǎoqiézi	가지 볶음
(2)	锅包肉	Guōbāoròu	꿔바로우
(3)	东坡肉	Dōngpōròu	둥포로우(동파육)
(4)	麻辣香锅	Málàxiāngguō	마라샹궈
(5)	麻辣烫	Málàtàng	마라탕
(6)	麻婆豆腐	Mápódòufu	마파두부
(7)	北京烤鸭	Běijīngkǎoyā	베이징 덕
(8)	小笼包	Xiǎolóngbāo	샤오롱바오
(9)	川菜	Chuāncài	쓰촨요리
(10)	烤羊肉串儿	Kǎoyángròuchuànr	양꼬치
(11)	鱼香肉丝	Yúxiāngròusī	위샹러우쓰(돼지 살코기 볶음)
(12)	煎饼	Jiānbǐng	젠빙(중국식 전병)
(13)	炒西红柿鸡蛋	Chǎo xīhóngshì jīdàn	토마토계란볶음
(14)	火锅	Huǒguō	훠궈(중국식 샤브샤브)

17

항공사 이용 경험

你乘坐过我们航空公司的航班吗?

Nǐ chéngzuòguo wǒmen hángkōng gōngsī de hángbān ma?

당신은 우리 항공사 항공편을 이용한 적이 있나요?

(1) 对不起, 我没有机会乘坐贵航空公司的航班。

Duìbuqǐ, wǒ méiyǒu jīhuì chéngzuò guì hángkōng gōngsī de hángbān.

죄송합니다. 저는 귀 항공사의 항공편을 이용할 기회가 없었습니다.

(2) 有, 我以前去国外的时候, 乘坐过贵公司的航班。 那时候, 我觉得(　　)航空的客舱服务特别好。

Yǒu, wǒ yǐqián qù guówài de shíhòu, chéngzuòguo guì gōngsī de hángbān. Nà shíhòu, wǒ juéde (　　) hángkōng de kècāng fúwù tèbié hǎo.

있습니다. 저는 예전에 국외를 나갈 때, 귀사의 항공편을 이용했습니다. 그때 저는 (　　) 항공의 객실 서비스가 특히 좋다고 생각했습니다.

(3)　有，　我以前去国外旅游的时候，　乘坐过贵公司的航班。
那时候，　我觉得(　　)航空的乘务员们都很热情, 很亲切。

Yǒu, wǒ yǐqián qù guówài lǚyóu de shíhòu, chéngzuòguo guì gōngsī de hángbān. Nà shíhòu, wǒ juéde (　　) hángkōng de chéngwùyuánmen dōu hěn rèqíng, hěn qīnqiè.

있습니다. 저는 예전에 해외여행을 갔을 때 귀사의 항공편을 이용했습니다. 그때 (　　)항공의 승무원들이 모두 열정적이고 친절하다고 느꼈습니다.

(4)　有，　我以前去国外留学的时候，　乘坐过贵公司的航班。
那时候，　我觉得(　　)航空的机票价格很合理，　客舱服务
也很好。

Yǒu, wǒ yǐqián qù guówài liúxué de shíhòu, chéngzuòguo guì gōngsī de hángbān. Nà shíhòu, wǒ juéde (　　) hángkōng de jīpiào jiàgé hěn hélǐ, kècāng fúwù yě hěn hǎo.

있습니다. 저는 예전에 유학을 갔을 때, 귀사의 항공편을 이용한 적이 있습니다. 그때 저는 (　　) 항공의 항공권 가격이 합리적이고, 객실 서비스 또한 훌륭하다고 느꼈습니다.

PART
02
중국 관련 Talk

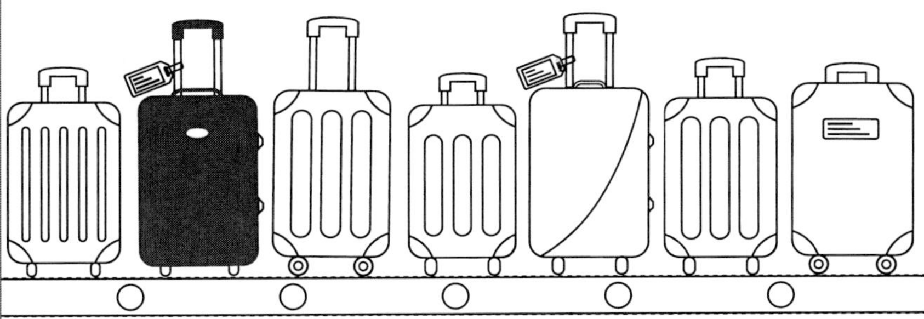

18

중국인의 특징

你觉得中国人的特点是什么?

Nǐ juéde Zhōngguó rén de tèdiǎn shì shénme?

당신은 중국인은 어떤 특징이 있다고 생각하나요?

(1) 我觉得中国人对外国人特别热情。

Wǒ juéde zhōngguó rén duì wàiguó rén tèbié rèqíng

저는 중국 사람들이 외국인들에게 특별히 친절하다고 생각합니다.

(2) 我觉得中国人喜欢热闹, 害怕安静。

Wǒ juéde zhōngguó rén xǐhuan rènào, hàipà ānjìng.

제 생각에는 중국인들은 떠들썩(긍정적 어감)한 것을 좋아하고, 조용한 것을 꺼리는 것 같습니다.

(3)　中国人喜欢红色。　因为红色是中国吉祥色，　所以中国人
认为红色能给人们带来安定和幸福。

Zhōngguó rén xǐhuan hóngsè. Yīnwèi hóngsè shì zhōngguó jíxiáng sè, suǒyǐ zhōngguó rén rènwéi hóngsè néng gěi rénmen dàilái āndìng hé xìngfú.

중국 사람들은 빨간색을 좋아합니다. 왜냐하면 빨간색은 중국 행운의 색이고, 그래서 중국 사람들은 빨간색이 사람들에게 안정과 행복을 가져다준다고 믿습니다.

(4)　中国人喜欢数字 '八'。　因为数字 '八' 意味着发财。

Zhōngguó rén xǐhuan shùzì 'bā'. Yīnwèi shùzì 'bā' yìwèizhe fācái.

중국 사람들은 숫자 8을 좋아합니다. 왜냐하면 숫자 8은 돈을 번다는 의미가 있기 때문입니다.

(5)　中国人不喜欢数字 '四'。　因为数字 '四' 意味着死亡。

Zhōngguó rén bù xǐhuan shùzì 'sì'. Yīnwèi shùzì 'sì' yìwèizhe sǐwáng.

중국 사람들은 숫자 4를 싫어합니다. 왜냐하면 숫자 4는 죽음을 의미하기 때문입니다.

(6) 我觉得中国的朋友们都喜欢喝茶。 他们喜欢用茶来招待朋友们。

Wǒ juéde zhōngguó de péngyoumen dōu xǐhuan hē chá. Tāmen xǐhuan yòng chá lái zhāodài péngyoumen

중국 사람들은 차를 마시는 것을 좋아하는 것 같습니다. 그들은 친구들에게 차를 대접하는 것을 좋아합니다.

(7) 我觉得中国人很大方， 待人热情。

Wǒ juéde zhōngguó rén hěn dàfang, dàirén rèqíng.

저는 중국 사람들은 대범하고, 친절하다고 생각합니다.

(8) 我觉得中国人爱面子， 特别害怕丢脸。

Wǒ juéde zhōngguó rén àimiànzi, tèbié hàipà diūliǎn.

중국 사람들은 체면을 중요시하고, 체면을 잃는 것을 두려워하는 것 같습니다.

(9) 中国人很喜欢一早上在公园锻炼身体， 特别喜欢打太极拳。

Zhōngguó rén hěn xǐhuan yì zǎoshang zài gōngyuán duànliàn shēntǐ, tèbié xǐhuan dǎ tàijíquán.

중국 사람들은 이른 아침에 공원에서 운동을 하는 것을 좋아하고, 특히 태극권을 하는 것을 좋아합니다.

중국어 학습 기간

你学汉语学了多久 (多长时间)？

Nǐ xué hànyǔ xuéle duōjiǔ(duō cháng shíjiān)?

당신은 중국어를 얼마나 배웠나요?

❖ **我学了（ ）了。 我还要继续努力学习汉语。**

Wǒ xuéle ( )le. Wǒ hái yào jìxù nǔlì xuéxí hànyǔ.

저는 중국어를 ( )째 배우고 있습니다. 저는 계속해서 열심히 중국어를 배워 나갈 것입니다. 고맙습니다.

一个月	yíge yuè	1개월
两个月	liǎng ge yuè	2개월
三个月	sānge yuè	3개월
四个月	sìge yuè	4개월
五个月	wǔge yuè	5개월
半年	bànnián	반년
七个月	qīge yuè	7개월
八个月	bāge yuè	8개월
九个月	jiǔge yuè	9개월
十个月	shíge yuè	10개월
十一个月	shíyíge yuè	11개월
一年	yì nián	1년
一年半	yì nián bàn	1년 반
两年	liǎng nián	2년
三年	sān nián	3년
四年多	sì nián duō	4년 이상

중국어 학습 장소

你是在哪儿学的汉语?

Nǐ shì zài nǎr xué de hànyǔ

당신은 어디에서 중국어를 배웠나요?

(1) 我的专业是汉语, 所以我是在学校学的汉语。

Wǒ de zhuānyè shì hànyǔ, suǒyǐ wǒ shì zàixuéxiào xué de hànyǔ.

저는 중국어를 전공해서, 학교에서 중국어를 배웠습니다.

(2) 我是在(补习班/学校) 学习的汉语。

Wǒ shì zài (bǔxíbān/xuéxiào) xuéxí de hànyǔ.

저는 학원(학교)에서 중국어를 배웠습니다.

(3) 我请家教进行了汉语辅导。

Wǒ qǐng jiājiào jìnxíngle hànyǔ fǔdǎo.

저는 과외를 통해 중국어를 배웠습니다.

(4) 我是在中国的 (대학명) 大学学习的汉语。

Wǒ shì zài zhōngguó de (　　　) dàxué xuéxí de hànyǔ.

저는 중국의 (　　　)대학에서 중국어를 배웠습니다.

중국어 실력

你觉得你的汉语水平怎么样?

Nǐ juéde nǐ de hànyǔ shuǐpíng zěnmeyàng?

당신은 본인의 중국어 실력이 어떻다고 생각하나요?

(1) 我觉得我的汉语水平还不错。

Wǒ juéde wǒ de hànyǔ shuǐpíng hái búcuò.

저는 저의 중국어 실력이 꽤 괜찮다고 생각합니다.

(2) 我觉得自己跟中国人沟通的时候, 基本上没问题。

Wǒ juéde zìjǐ gēn zhōngguórén gōutōng de shíhòu, jīběn shang méiwèntí.

저는 중국 사람들과 소통을 할 때 기본적으로 문제가 없다고 생각합니다.

(3) 我觉得自己的汉语水平还需要再加强。

Wǒ juéde zìjǐ de hànyǔ shuǐpíng hái xūyào zài jiāqiáng.

저는 저의 중국어 실력에 대해서 아직 채워 나가야 할 부분이 있다고 생각합니다.

(4)　　我的汉语水平不是很好，还需要更多工夫。

Wǒ de hànyǔ shuǐpíng búshì hěn hǎo, hái xūyào gèng duō gōngfu.

저의 중국어 실력은 그리 좋지 않습니다. 더욱 많은 노력(시간)이 필요합니다.

(5)　　我汉语说得很流利，我的汉语交流水平还不错。

Wǒ hànyǔ shuō de hěn liúlì, wǒ de hànyǔ jiāoliú shuǐpíng hái búcuò.

저는 유창한 중국어를 구사합니다. 저의 중국어 의사소통 능력은 좋은 편입니다.

(6)　　不好意思，我的汉语水平很低，还是初级的水平。

Bù hǎoyìsi, wǒ de hànyǔ shuǐpíng hěn dī, háishì chūjí de shuǐpíng.

죄송합니다, 저는 중국어 실력이 부족합니다. 아직 초급 수준입니다.

중국어 학습 방법

学习汉语的好方法是什么?

Xuéxí hànyǔ de hǎo fāngfǎ shì shénme?

중국어를 학습하는 좋은 방법은 무엇인가요?

(1) 我一直认为在学习的道路上， 没有捷径可走。 我觉得除了多看， 多听， 多读， 多写之外， 没有更好的方法。

Wǒ yìzhí rènwéi zài xuéxí de dàolùshang, méiyǒu jiéjìng kě zǒu. Wǒ juéde chúle duō kàn, duōtīng, duōdú, duōxiě zhīwài, méiyǒu gèng hǎo de fāngfǎ.

저는 줄곧 학습의 길에는 지름길이 없다고 생각해왔습니다. 제 생각에는 많이 보고, 많이 듣고, 많이 읽고, 많이 써보는 것 외에는 더 좋은 방법은 없는 것 같습니다.

(2) 我特别喜欢看中国的电视剧。 我通过电视剧学到了很多词
汇， 并更开心地学习。 我觉得学习一门外语的时候， 保
持兴趣最重要。

Wǒ tèbié xǐhuan kàn zhōngguó de diànshìjù. Wǒ tōngguò diàn-
shìjù xuédàole hěnduō cíhuì, bìng gèng kāixīn de xuéxí. Wǒ juéde
xuéxí yìmén wàiyǔ de shíhòu, bǎochí xìngqù zuì zhòngyào.

저는 특히 중국 드라마를 좋아합니다. 저는 드라마를 통해서 많은 어
휘를 배웠고, 그리고 더욱 재미있게 중국어를 배웠습니다. 저는 하나
의 외국어를 배울 때 가장 중요한 것이 바로 흥미를 유지하는 것이라
고 생각합니다.

(3) 我喜欢跟中国的朋友们聊天。 我有几个中国朋友， 他们
是我在中国研修的时候认识的。 我利用微信或网络电
话， 常常跟他们分享自己的生活。

Wǒ xǐhuan gēn zhōngguó de péngyoumen liáotiān. Wǒ yǒu jǐge
zhōngguó péngyou, Tāmen shì wǒ zài zhōngguó yánxiū de shíhòu
rènshì de. wǒ lìyòng wēixìn huò wǎngluò diànhuà, Chángcháng
gēn tāmen fēnxiǎng zìjǐ de shēnghuó.

저는 중국의 친구들과 대화를 하는 것을 좋아합니다. 저에게는 몇 명
의 중국인 친구가 있습니다. 저는 위챗이나 인터넷전화를 통해 저의
중국인 친구들과 자주 저의 생활을 공유합니다.

(4) 我个人觉得学习外语的时候， 每天保持学习状态最重要。
虽然每天都很忙， 但是我尽量每天坚持学习汉语。 五分
钟也可以， 十分钟也可以， 甚至一分钟也可以。 持之以
恒， 坚持到底。 学习的时候， 保持这些学习态度是最重
要的。

Wǒ gèrén juéde xuéxí wàiyǔ de shíhòu, měitiān bǎochí xuéxí
zhuàngtài zuì zhòngyào. měitiān bǎochí xuéxí zhuàngtài. Suīrán
měitiān dōu hěn máng, dànshì wǒ jǐnliàng měitiān jiānchí xuéxí
hànyǔ. Wǔ fēnzhōng yě kěyǐ, shí fēnzhōng yě kěyǐ, shènzhì yì
fēnzhōng yě kěyǐ. Chízhīyǐhéng, jiānchí dàodǐ. Xuéxí de shíhòu,
bǎochí zhèxiē xuéxí tàidù shì zuì zhòngyào de.

저 개인적으로는 외국어를 배울 때 가장 중요한 것은 매일 학습을 하
는 태도를 유지하는 것이라고 생각합니다. 비록 매일 바쁘지만, 저는
더욱 최대한 매일 중국어 공부를 하려고 노력합니다. 5분도 좋고, 10
분도 좋습니다. 심지어 1분이라도 좋습니다. 포기하지 않고 지속하고,
끝까지 해내는 것, 공부를 할 때는 이러한 학습 태도를 유지하는 것이
가장 중요하다고 생각합니다.

23

중국 방문 경험

你去过中国吗?

Nǐ qùguo zhōngguó ma?

당신은 중국에 가본 적이 있나요?

(1) **真可惜, 我还没去过。**

Zhēn kěxí, wǒ hái méi qùguo.

정말 안타깝게도 저는 아직 가보지 못했습니다.

(2) **我去过(　　)。**

Wǒ qùguo (　　　).

저는 중국의 (　　　)에 가보았습니다.

(3) **有, 我在中国的(　　)大学学过汉语。**

Yǒu, wǒ zài zhōngguó de (　　　)dàxué xuéguo hànyǔ.

네, 저는 중국의 (　　　)대학에서 중국어를 배웠습니다.

(4)　我作为交换生在中国的(　　)大学研修过。

Wǒ zuòwéi jiāohuàn shēng zài zhōngguó de (　　　) dàxué yánxiūguo.

저는 교환학생으로 중국의 (　　　)대학에서 어학연수를 했습니다.

24

좋아하는 중국 요리

你喜欢中国菜吗?

Nǐ xǐhuan zhōngguó cài ma?

중국 요리 좋아하나요?

❖ **我很喜欢中国菜。 我觉得(　　)特别好吃。**

Wǒ hěn xǐhuan zhōngguó cài. Wǒ juéde (　　) tèbié hào hǎochī.

저는 중국 요리를 매우 좋아합니다. 제 생각에는 (　　)가 특히 맛있는 것 같습니다.

(1)	炒茄子	Chǎoqiézi	가지 볶음
(2)	锅包肉	Guōbāoròu	꿔바로우
(3)	东坡肉	Dōngpōròu	둥포로우(동파육)
(4)	蛋饼	Dànbǐng	딴빙(계란 전병)
(5)	麻辣香锅	Málàxiāngguō	마라샹궈
(6)	麻辣烫	Málàtàng	마라탕
(7)	麻婆豆腐	Mápódòufu	마파두부
(8)	饺子	Jiǎozi	만두
(9)	北京烤鸭	Běijīngkǎoyā	베이징 덕
(10)	小笼包	Xiǎolóngbāo	샤오롱바오
(11)	川菜	Chuāncài	쓰촨요리
(12)	烤羊肉串儿	Kǎoyángròuchuànr	양꼬치
(13)	鱼香肉丝	Yúxiāngròusī	위샹러우쓰
(14)	煎饼	Jiānbǐng	젠빙
(15)	炒西红柿鸡蛋	Chǎo xīhóngshì jīdàn	토마토계란볶음
(16)	火锅	Huǒguō	훠궈

25

가보고 싶은 중국 도시

你最想去中国的哪儿?

Nǐ zuì xiǎngqù zhōngguó de nǎr?

당신이 가장 가고 싶은 곳은 중국의 어디인가요?

❖ **我很想去中国的(　　)。**

Wǒ hěn xiǎngqù zhōngguó de (　　　).

저는 중국의 (　　　)에 너무 가보고 싶습니다.

(1)	广州	Guǎngzhōu	광저우
(2)	贵阳	Guìyáng	구이양
(3)	南宁	Nánníng	난닝
(4)	南京	Nánjīng	난징
(5)	大连	Dàlián	다롄
(6)	澳门	Àomén	마카오
(7)	牡丹江	Mǔdānjiāng	무단장
(8)	北京	Běijīng	베이징
(9)	上海	Shànghǎi	상하이

(10)	虹桥	Hóngqiáo	홍차오
(11)	厦门	Xiàmén	샤먼
(12)	沈阳	Shěnyáng	선양
(13)	深圳	Shēnzhèn	선전
(14)	西安	Xī'ān	시안
(15)	延吉	Yánjí	옌지
(16)	烟台	Yāntái	옌타이
(17)	乌鲁木齐	Wūlǔmùqí	우루무치
(18)	武汉	Wǔhàn	우한
(19)	威海	Wēihǎi	웨이하이
(20)	郑州	Zhèngzhōu	정저우
(21)	济南	Jǐnán	지난
(22)	长沙	Chángshā	창사
(23)	青岛	Qīngdǎo	칭다오
(24)	昆明	Kūnmíng	쿤밍
(25)	天津	Tiānjīn	톈진
(26)	杭州	Hángzhōu	항저우
(27)	合肥	Héféi	허페이
(28)	香港	Xiānggǎng	홍콩
(29)	黄山	Huángshān	황산

PART

03

업무 관련 Talk

26

승객의 무리한 요구

如果在飞机上遇到不讲理的乘客，你该如何处理?

Rúguǒ zài fēijī shang yù dào bù jiǎnglǐ
de chéngkè, nǐ gāi rúhé chǔlǐ?

만일 기내에서 억지를 부리는 승객을 만나면,
어떻게 처리할 것인가요?

(1) 如果我遇到这些情况的话，首先要聆听乘客所说的话，然后按照公司的规定好好儿处理。

Rúguǒ wǒ yùdào zhèxiē qíngkuàng dehuà, shǒuxiān yào língtīng chéngkè suǒshuō de huà, ránhòu ànzhào gōngsī de guīdìng hǎohāor chǔlǐ.

만약 제가 이런 상황을 만난다면, 먼저 승객의 말씀을 경청하겠습니다. 그리고 난 후 회사의 규정에 따라 최선을 다해 처리하겠습니다.

(2)　如果我遇到这些情况的话，　首先要向那位乘客道歉。　然
后，　按照公司的规定好好儿处理。

Rúguǒ wǒ yù dào zhèxiē qíngkuàng dehuà, shǒuxiān yào xiàng nà wèi chéngkè dàoqiàn. Ránhòu, ànzhào gōngsī de guīdìng hǎohāor chǔlǐ.

만약 제가 이런 상황을 만난다면, 먼저 그 승객분께 사과를 드리겠습니다. 그리고 난 후 회사의 규정에 따라 최선을 다해 처리하겠습니다.

(3)　如果我遇到这些情况的话，　首先会耐心地听乘客说完，
然后按照公司的规定好好儿处理。

Rúguǒ wǒ yù dào zhèxiē qíngkuàng dehuà, shǒuxiān huì nàixīn de tīng chéngkè shuō wán, ránhòu ànzhào gōngsī de guīdìng hǎohāor chǔlǐ.

만약 제가 이런 상황을 만난다면, 먼저 인내를 가지고 승객분의 말이 끝날 때까지 듣고, 그 후에 회사의 규정에 따라 최선을 다해 처리하겠습니다.

(4) 如果我遇到这些情况的话， 要耐心的倾听乘客的话语，
还有切忌与客人争论。

Rúguǒ wǒ yùdào zhèxiē qíngkuàng dehuà, yào nàixīn de qīngtīng
chéngkè de huàyǔ, hái yǒu qièjì yǔ kèrén zhēnglùn.

만약 제가 이런 상황을 만난다면, 먼저 참을성 있게 승객분의 말을 듣
고, 승객과 논쟁이 벌어지지 않도록 최선을 다하겠습니다.

(27)

승객의 무리한 요구 - 연락처

当有一位乘客问你要手机号码或名片时，
你该如何应对?

Dāng yǒuyí wèi chéngkè wèn nǐ yào shǒujī hàomǎ huò
míngpiàn shí, nǐ gāi rúhé yìngduì?

만약 승객이 당신에게 휴대폰 번호나 명함을 요구한다면
어떻게 할 것인가요?

(1)　我首先要很郑重地谢绝，然后给他解释。　因为公司有相关规定，　所以不能私下给乘客联系方式。

Wǒ shǒuxiān yào hěn zhèngzhòng de xièjué, ránhòu gěi tā jiěshì. Yīnwèi gōngsī yǒu xiāngguān guīdìng, suǒyǐ bùnéng sīxià gěi chéngkè liánxì fāngshì.

저는 정중하게 사양하고, 그분에게 설명하겠습니다. 회사의 관련 규정으로 인하여, 사적으로 승객에서 연락처를 줄 수 없다고 말입니다.

(2) 　我首先要向那位乘客道歉，　然后给他解释。　因为公司有
　　　相关规定，所以不能私下给乘客联系方式。

Wǒ shǒuxiān yào xiàng nà wèi chéngkè dàoqiàn, ránhòu gěi tā
jiěshì. Yīnwèi gōngsī yǒu xiāngguān guīdìng, suǒyǐ bùnéng sīxià
gěi chéngkè liánxì fāngshì.

저는 그 승객 분께 사과를 하고 설명을 하겠습니다. 회사의 관련 규정
으로 인하여, 사적으로 승객에게 연락처를 줄 수 없다고 말입니다.

28

유니폼

你觉得我们公司的制服怎么样?

Nǐ juéde wǒmen gōngsī de zhìfú zěnmeyàng?

당신은 우리 회사의 유니폼에 대해 어떻게 생각하나요?

(1) 我觉得(　　)航空的制服设计非常不错。　整体感觉清爽, 整洁, 并很优雅。

Wǒ juéde (　　) hángkōng de zhìfú shèjì fēicháng búcuò. Zhěngtǐ gǎnjué qīngshuǎng, zhěngjié, bìng hěn yōuyǎ.

저는 (　　)항공의 유니폼의 디자인이 매우 훌륭하다고 생각합니다. 전체적인 분위기는 상큼하고, 단정하며, 우아합니다.

(2) 我觉得(　　)航空的制服给人一种高雅端庄的感觉, 再加上感觉活泼温柔。

Wǒ juéde (　　) hángkōng de zhìfú gěi rén yì zhǒng gāoyǎ duānzhuāng de gǎnjué, zài jiāshàng gǎnjué huópō wēnróu.

저는 (　　)항공의 유니폼이 사람들에게 우아하며 단정한 느낌을 준다고 생각합니다. 게다가 활발하며 따뜻한 느낌도 있습니다.

(3) 我觉得(　　)航空的制服已经成为了全世界最美丽的乘务员制服之一，就像一张美丽的名片一样高雅。

Wǒ juéde (　　) hángkōng de zhìfú yǐjīng chéngwéile quán shìjiè zuì měilì de chéngwùyuán zhìfú zhī yī, jiù xiàng yì zhāng měilì de míngpiàn yíyàng gāoyǎ.

저는 (　　)항공의 유니폼은 이미 전 세계에서 가장 아름다운 승무원 유니폼 중 하나가 되었다고 생각합니다. 마치 아름다운 명함 한 장처럼 우아합니다.

(4) 我觉得(　　)航空的制服体现出优雅和柔美，再加上具有职业美。

Wǒ juéde (　　) hángkōng de zhìfú tǐxiàn chū yōuyǎ hé róuměi, zài jiāshàng jùyǒu zhíyè měi.

저는 (　　)항공의 유니폼이 우아하고, 부드러운 아름다움이 느껴집니다. 게다가 직업적 아름다움 또한 지니고 있습니다.

(5) 其实，我觉得没什么可说的，(　　)航空的制服就是很美。

Qíshí, wǒ juéde méishénme kě shuō de, (　　) hángkōng de zhìfú jiùshì hěn měi.

사실, 저는 달리 할 말이 필요 없다고 생각합니다. (　　)항공의 유니폼은 말 그대로 너무나 아름답습니다.

29

객실안전 vs 객실서비스

客舱安全与客舱服务之中， 哪项更重要?

Kècāng ānquán yǔ kècāng fúwù zhīzhōng,
nǎ xiàng gèng zhòngyào?

객실안전과 객실서비스 중 무엇이 더 중요한가요?

(1) 对一名乘务员来说, 保证客舱安全和提供优质的服务是两项最重要的工作。 但是， 我认为乘务员永远要把客舱安全放在首位， 因为这就是乘务员第一任务.

Duì yì míng chéngwùyuán lái shuō, bǎozhèng kècāng ānquán hé tígōng yōuzhì de fúwù shì liǎng xiàng zuì zhòngyào de gōngzuò. Dànshì, wǒ rènwéi chéngwùyuán yǒngyuǎn yào bǎ kècāng ānquán fàngzài shǒuwèi, yīnwèi zhè jiùshì chéngwùyuán dì yī rènwù.

승무원에서 있어서 객실안전을 유지하는 것과 우수한 서비스를 제공하는 이 두 가지는 가장 중요한 업무입니다. 하지만 저는 승무원이라면 객실안전을 영원히 첫 번째로 두어야 한다고 생각합니다. 왜냐하면 이것은 승무원의 첫 번째 임무이기 때문입니다.

(2) 客舱安全与客舱服务是密不可分的， 但安全是最基本基
础的。 我相信没有客舱安全， 就没有优质的客舱服务。

Kècāng ānquán yǔ kècāng fúwù shì mì bùkěfēn de, dàn ānquán
shì zuì jīběn jīchǔ de. Wǒ xiāngxìn méiyǒu kècāng ānquán, jiù
méiyǒu yōuzhì de kècāng fúwù.

객실안전과 객실 서비스는 떼어놓을 수 없는 것입니다. 하지만 안전은
가장 기본적이며 기초적인 것입니다. 저는 객실 안정이 없다면 우수한
객실 서비스 또한 있을 수 없다고 생각합니다.

(3) 大多乘客以为乘务员就是一名服务人员而已， 但是乘务员
担负着旅客安全的重任。因此， 我认为客舱安全永远要放
在首位。

Dàduō chéngkè yǐwéi chéngwùyuán jiùshì yì míng fúwù rényuán
éryǐ, dànshì chéngwùyuán dānfùzhe lǚkè ānquán de zhòngrèn.
Yīncǐ, wǒ rènwéi kècāng ānquán yǒngyuǎn yào fàngzài shǒuwèi.

대부분의 승객들은 승무원이 한 사람의 서비스맨일 뿐이라고 생각합
니다. 하지만 승무원은 객실안전의 막중한 임무를 책임지고 있습니다.
그래서 저는 객실안전이 영원히 첫 번째일 수밖에 없다고 생각합니다.

(4) 从飞机起飞到下降着陆的整个飞行过程中，乘务员担负着
客舱安全，这是必要的，绝不能马马虎虎。

Cóng fēijī qǐfēi dào xiàjiàng zhuólù de zhěnggè fēixíng guòchéng
zhōng, chéngwùyuán dānfùzhe kècāng ānquán, zhè shì bìyào de,
jué bùnéng mǎmǎhūhū.

비행기의 이륙부터 착륙까지의 모든 비행 과정 중에서 승무원은 객실
안전을 책임지고 있으며, 이것은 필수 불가결한 것입니다. 절대로 소홀
히 여겨서는 안 됩니다.

(5) 我认为保证客舱安全就是最优质的服务。作为一名乘务
员，安全这一方面，绝不可以心存侥幸。我相信保证客
舱安全就是乘务员最重要的责任。

Wǒ rènwéi bǎozhèng kècāng ānquán jiùshì zuì yōuzhì de fúwù.
Zuòwéi yì míng chéngwùyuán, ānquán zhè yī fāngmiàn, jué bù
kěyǐ xīn cún jiǎoxìng. Wǒ xiāngxìn bǎozhèng kècāng ānquán
jiùshì chéngwùyuán zuì zhòngyào de zérèn.

저는 객실안전을 보장하는 것이 바로 가장 우수한 서비스라고 생각합
니다. 한 사람의 승무원으로서, 안전은 절대로 소홀히 할 수 없는 부
분입니다. 저는 객실안전을 보장하는 것이 바로 승무원의 가장 중요한
책임이라고 믿습니다.

30

회사에 대한 공헌

你对我们公司能做出什么样的贡献?

Nǐ duì wǒmen gōngsī néng zuòchū shénmeyàng de gòngxiàn?

당신은 우리 회사에 어떻게 공헌할 수 있나요?

(1) 我从小就很想当乘务员, 所以毫无犹豫地去选择了航空服务这个专业。 我对乘务员的业务有了解, 并拥有了强大的安全意识。 不仅如此, 积累了各种各样的服务行业的工作经历。 我为了当优秀的乘务员, 已经准备好了。谢谢。

Wǒ cóngxiǎo jiù hěn xiǎng dāng chéngwùyuán, suǒyǐ háo wú yóuyù de qù xuǎnzéle hángkōng fúwù zhège zhuānyè. Wǒ duì chéngwùyuán de yèwù yǒu liǎojiě, bìng yōngyǒule qiángdà de ānquán yìshí. Bùjǐn rúcǐ, jīlěile gèzhǒng gèyàng de fúwù hángyè de gōngzuò jīnglì. Wǒ wèile dāng yōuxiù de chéngwùyuán, yǐjīng zhǔnbèi hǎole. Xièxie.

저는 어릴 때부터 승무원이 되고 싶었습니다. 그래서 한 치의 망설임도 없이 항공서비스라는 이 전공을 선택했습니다. 저는 승무원의 업무에 대해 이해가 있을 뿐 아니라, 강한 안전 의식을 갖추고 있습니다. 뿐만 아니라, 각종 서비스 업계의 업무 경험을 쌓아왔습니다. 저는 이미 우수(훌륭)한 승무원이 되기 위한 준비가 되었습니다. 감사합니다.

(2)　我为了成为一名优秀的乘务员，做了很多努力。尤其是我在很多服务行业工作过，并为了跟世界各国的顾客沟通学习英语和汉语。还有我本来很怕水，但是为了当乘务员，克服那些恐惧，并超越了自我。我相信这些挑战精神和强大的耐心能帮到乘务员的业务。谢谢。

Wǒ wèile chéngwéi yì míng yōuxiù de chéngwùyuán, zuòle hěnduō nǔlì. Yóuqí shì wǒ zài hěnduō fúwù hángyè gōngzuòguo bìng wèile gēn shìjiè gèguó de gùkè gōutōng xuéxí yīngyǔ hé hànyǔ. Hái yǒu wǒ běnlái hěn pà shuǐ, dànshì wèile dāng chéngwùyuán, kèfú nàxiē kǒngjù, bìng chāoyuèle zìwǒ. Wǒ xiāngxìn zhèxiē tiǎozhàn jīngshén hé qiángdà de nàixīn néng bāngdào chéngwùyuán de yèwù. Xièxie.

저는 우수한 승무원이 되기 위해서 많은 노력을 해왔습니다. 특히 저는 여러 서비스 업계에서 일했으며, 세계 각국의 고객들과 소통하기 위해 영어와 중국어를 배웠습니다. 그리고 저는 원래 물을 무서워했습니다. 하지만 이 난관을 극복하지 못하면 승무원이 될 수 없기 때문에 저 자신에게 도전했습니다. 그리고 저 자신을 뛰어넘었습니다. 저는 이러한 도전 정신과 강한 인내심이 승무원의 업무에 도움을 줄 것이라고 믿습니다. 감사합니다.

(3) 我通过很多服务行业的工作， 已经具备了稳定的心理素
     质。 我工作的时候， 不会把自己的情绪带上工作场所。
     而且总是保持良好的心态， 就算遇到一些挑剔或者不讲
     理的旅客， 也能做到理智地去处理。 我相信自己的这些
     心理素质能帮到乘务员的业务。 谢谢。

Wǒ tōngguò hěnduō fúwù hángyè de gōngzuò, yǐjīng jùbèile
wěndìng de xīnlǐ sùzhì. Wǒ gōngzuò de shíhòu, bú huì bǎ zìjǐ de
qíngxù dài shang gōngzuò chǎngsuǒ. Érqiě zǒng shì bǎochí
liánghǎo de xīntài, jiùsuàn yùdào yìxiē tiāotì huòzhě bù jiǎnglǐ de
lǚkè, yě néng zuòdào lǐzhì de qù chǔlǐ. Wǒ xiāngxìn zìjǐ de zhèxiē
xīnlǐ sù zhí néng bāngdào chéngwùyuán de yèwù. Xièxie.

저는 많은 서비스 업계의 업무 경험을 통해 이미 마음을 잘 다스릴 줄
아는 심리적 소양을 갖추게 되었습니다. 일을 할 때 저는 저의 감정을
업무 장소에까지 가지고 오지 않습니다. 게다가 업무를 할 때는 늘 좋
은 마음 상태를 유지하며, 까다롭고 예의가 없는 고객을 만날지라도
이성적으로 처리할 수 있습니다. 저는 저의 이러한 심리적 소양이 승
무원의 업무에 도움이 될 수 있다고 믿습니다. 감사합니다.

（31）

함께 일하기 싫은 동료

你最不喜欢和哪种人一起工作?

Nǐ zuì bù xǐhuan hé nǎ zhǒng rén yìqǐ gōngzuò?

당신은 어떤 사람과 함께 일하고 싶지 않은가요?

(1) 我不喜欢和没有责任心的人一起工作. 对一名乘务员来说, 责任心是必不可少的素养， 因为没有责任心, 也不会保证客舱安全和优质的服务。 因此, 我不想和这种人工作。

Wǒ bù xǐhuan hé méiyǒu zérèn xīn de rén yìqǐ gōngzuò. Duì yìmíng chéngwùyuán láishuō, zérèn xīn shì bì bùkě shǎo de sùyǎng, yīnwèi méiyǒu zérèn xīn, yě bú huì bǎozhèng kèchāng ānquán hé yōuzhì de fúwù. Yīncǐ, wǒ bùxiǎng hé zhèzhǒngrén gōngzuò.

저는 책임감 없는 사람과 함께 일하는 것을 싫어합니다. 승무원에게 있어 책임감은 반드시 필요한 소양입니다. 왜냐하면 책임감이 없으면, 객실 안전과 우수한 서비스를 보장할 수 없기 때문입니다. 그래서 저는 이런 사람과 일하고 싶지 않습니다.

(2)　我不喜欢和没有团队精神的人一起工作。 对一名乘务员来
　　　说， 强大的团队精神很重要。 如果彼此不能好好儿的沟
　　　通, 并不能有默契， 那不会开展优质的服务。

Wǒ bù xǐhuan hé méiyǒu tuánduì jīngshén de rén yìqǐ gōngzuò.
Duì yì míng chéngwùyuán lái shuō, qiángdà de tuánduì jīngshén
hěn zhòngyào. Rúguǒ bǐcǐ bùnéng hǎohāor de gōutōng, bìng
bùnéng yǒu mòqì, nà bú huì kāizhǎn yōuzhì de fúwù.

저는 팀워크가 부족한 사람과 함께 일하고 싶지 않습니다. 승무원에
게 있어서 강한 팀워크는 중요합니다. 만일 서로 충분히 소통하지 못
하고, 또 서로 호흡이 맞지 않는다면, 우수한 서비스를 제공할 수 없
기 때문입니다.

(3)　我不喜欢和没有工作热情的人一起工作。 坦白说， 我们
　　　都是为了赚钱去工作的， 但我们不只是为了赚钱， 而去
　　　工作的。 乘务员这个职业是我一直以来的梦想。 对我很
　　　重要。 所以我想和珍惜这个职业的人一起工作。

Wǒ bù xǐhuan hé méiyǒu gōngzuò rèqíng de rén yìqǐ gōngzuò.
Tǎnbái shuō, wǒmen dōu shì wèile zhuànqián qù gōngzuò de, dàn
wǒmen bù zhǐshì wèile zhuànqián, ér qù gōngzuò de. Chéngwùy-
uán zhège zhíyè shì wǒ yìzhí yǐlái de mèngxiǎng. Duì wǒ hěn
zhòngyào. Suǒyǐ wǒ xiǎng hé zhēnxī zhège zhíyè de rén yìqǐ
gōngzuò.

저는 업무에 대한 열정이 없는 사람과 함께 일하고 싶지 않습니다. 솔
직히 말해서 저희는 모두 돈을 벌기 위해서 일을 합니다. 하지만 저희
는 단지 돈을 벌기 위해 일을 하는 것이 아닙니다. 승무원이라는 이
직업은 저의 오랜 꿈입니다. 저에게는 굉장히 소중합니다. 그래서 저
는 이 직업을 소중히 여기는 사람과 함께 일하고 싶습니다.

(4)　　我不喜欢和把自己的工作推卸给其他人的人一起工作。　只
　　　有每个乘务员戮力同心，　才能得到最好的工作效率。

Wǒ bù xǐhuan hé bǎ zìjǐ de gōngzuò tuīxiè gěi qítā rén de rén yìqǐ
gōngzuò. Zhǐyǒu měige chéngwùyuán lùlìtóngxīn, cáinéng dédào
zuì hǎo de gōngzuò xiàolǜ.

저는 자신의 업무를 남에게 미루는 사람과 함께 일하고 싶지 않습니
다. 모든 승무원은 함께 협력하여야만, 가장 좋은 업무 효율을 거둘
수 있습니다.

예상 근속년수

如果你能成为一名乘务员，那你想工作多久?

Rúguǒ nǐ néng chéngwéi yìmíng chéngwùyuán, nà nǐ xiǎng gōngzuò duōjiǔ?

만약 승무원이 된다면, 얼마나 오랫동안 일을 하고 싶은가요?

(1) 我想跟(　　)航空，白头偕老。

Wǒ xiǎng gēn (　　) hángkōng, báitóuxiélǎo.

저는 (　　)항공과 백년해로하고 싶습니다.

(2) 如果公司不让我离开，那我不会先离开公司。

Rúguǒ gōngsī bú ràng wǒ líkāi, nà wǒ bú huì xiān líkāi gōngsī.

만약 회사가 저를 내보내지 않는다면, 제가 회사를 먼저 떠나지는 않을 것입니다.

(3) 我想跟(　　)航空，永远在一起。

Wǒ xiǎng gēn (　　) hángkōng, yǒngyuǎn zài yìqǐ.

저는 (　　)항공과 영원히 함께하고 싶습니다.

33

승객 간 싸움 발생

如果在客舱里乘客之间争吵起来, 那你怎样处理?

Rúguǒ zài kècāng lǐ chéngkè zhījiān zhēngchǎoqǐlai, nà nǐ zěnyàng chǔlǐ?

만약 객실 내에서 승객 간에 싸움이 일어났다면,
당신은 어떻게 대처하겠습니까?

(1) 首先我向乘务长报告情况, 然后按照相关规定来处理。

Shǒuxiān wǒ xiàng chéngwùzhǎng bàogào qíngkuàng, ránhòu ànzhào xiāngguān guīdìng lái chǔlǐ.

저는 먼저 사무장에게 상황을 보고하고, 관련 규정에 따라 처리하겠습니다.

(2) 为了保证客舱安全，我要按照相关规定来好好儿的处
理。

Wèile bǎozhèng kècāng ānquán, wǒ yào ànzhào xiāngguān
guīdìng lái hǎohāor de chǔlǐ.

객실 안전을 유지하기 위해서, 저는 관련 규정에 따라 최선을 다해 처
리하겠습니다.

중국은 객실 내 난동 및 승무원 폭행 등에 관해 엄격하게 처벌하고 있습니
다. 객실 내에서 난동을 피운 승객은 벌금을 내야 할 뿐 아니라 블랙리스트
에 오르게 됩니다. 블랙리스트에 오른 승객은 일정 기간 내 출국에 제한을
받고, 은행 대출 또한 불이익을 받습니다.

34

크리스마스(발렌타인데이)
추천 취항지

圣诞节(情人节)的时候，你想推荐哪个目的地?

Shèngdànjié(qíngrénjié) de shíhòu, nǐ xiǎng tuījiàn nǎge mùdìdì?

크리스마스(발렌타인데이)에
당신은 어떤 취항지를 추천하고 싶나요?

(1) 我想推荐(도시이름)**，因为那里的风景很好。**

Wǒ xiǎng tuījiàn (　　), yīnwèi nàlǐ de fēngjǐng hěn hǎo.

저는 (　　)을 추천하고 싶습니다. 왜냐하면 그곳의 풍경이 좋기 때문입니다.

(2) 我想推荐(도시이름)**，因为城市的整个气氛非常浪漫。**

Wǒ xiǎng tuījiàn (　　), yīnwèi chéngshì de zhěnggè qìfēn fēicháng làngmàn.

저는 (　　)을 추천하고 싶습니다. 왜냐하면 도시 전체의 분위기가 매우 낭만적이기 때문입니다.

(3) 我想推荐(도시이름)， **因为那里的夜景特别美。**

Wǒ xiǎng tuījiàn (   ), yīnwèi nàlǐ de yèjǐng tèbié měi.

저는 (   )을 추천하고 싶습니다. 왜냐하면 그곳의 야경이 특별히 아름답기 때문입니다.

(4) 我想推荐(도시이름)， **因为那边的海边美丽得不得了。**

Wǒ xiǎng tuījiàn (   ), yīnwèi nàbiān de hǎibiān měilì dé bùdeliǎo.

저는 (   )을 추천하고 싶습니다. 왜냐하면 그곳의 해변이 너무도 아름답기 때문입니다.

(5) 我想推荐(도시이름)， **在那边逛街又方便又高兴。**

Wǒ xiǎng tuījiàn (   ), zài nàbiān guàngjiē yòu fāngbiàn yòu gāoxìng.

저는 (   )을 추천하고 싶습니다. 그곳에서 쇼핑을 하면 편리할 뿐 아니라 즐겁습니다.

PART

04

면접 관련 Talk

35

면접 후 계획

面试结束以后，你要做什么?

Miànshì jiéshù yǐhòu, nǐ yào zuò shénme?

면접이 끝나고 나면 당신은 무엇을 할 것인가요?

(1)　我想回家休息。

Wǒ xiǎng huíjiā xiūxi.

저는 집으로 돌아가 쉬고 싶습니다.

(2)　我要去见朋友。

Wǒ yào qùjiàn péngyou.

저는 친구를 만나러 갈 것입니다.

(3)　我要去吃饭。　我现在有点饿。

Wǒ yào qù chīfàn. Wǒ xiànzài yǒudiǎn è.

저는 밥을 먹으러 갈 것입니다. 지금 조금 배가 고픕니다.

(4)　我想回家睡觉。

Wǒ xiǎng huíjiā shuìjiào.

저는 집으로 돌아가 잠을 자고 싶어요.

면접 길 교통수단

你是坐什么交通工具来的?

Nǐ shì zuò shénme jiāotōng gōngjù lái de?

당신은 어떤 교통수단을 타고 왔나요?

(1) **我是坐地铁来的。**

Wǒ shì zuò dìtiě lái de.

저는 지하철을 타고 왔습니다.

(2) **我是坐公车来的。**

Wǒ shì zuò gōngchē lái de.

저는 버스를 타고 왔습니다.

(3) 我是坐火车来的。

Wǒ shì zuò huǒchē lái de.

저는 기차를 타고 왔습니다.

(4) 我是坐飞机来的。

Wǒ shì zuò fēijī lái de.

저는 비행기를 타고 왔습니다.

(5) 我是开车来的。

Wǒ shì kāichē lái de

저는 차를 운전해 왔습니다.

면접 전날

昨天晚上你做什么?

Zuótiān wǎnshang nǐ zuò shénme?

어제 저녁에 당신을 무엇을 했나요?

---

(1) 昨天晚上， 我在家里休息了一下， 今天有力气了。

Zuótiān wǎnshang, wǒ zài jiālǐ xiūxile yíxià, jīntiān yǒu lìqìle.

어제 저녁에 저는 집에서 쉬었더니, 오늘은 힘이 납니다.

(2) 昨天晚上， 我在补习班努力学习汉语了。

Zuótiān wǎnshang, wǒ zài bǔxíbān nǔlì xuéxí hànyǔle.

어제 저녁에 저는 학원에서 열심히 중국어 공부를 하였습니다.

(3) 昨天晚上， 我去见朋友， 缓解压力。

Zuótiān wǎnshang, wǒ qùjiàn péngyou, huǎnjiě yālì.

어제 저녁에 저는 친구를 만나 스트레스를 풀었습니다.

(4) 昨天晚上， 我在健身房好好锻炼身体。

Zuótiān wǎnshang, wǒ zài jiànshēnfáng hǎohǎo duànliàn shēntǐ.

어제 저녁에 저는 헬스클럽에서 열심히 운동을 했습니다.

(5) 昨天晚上， 我做了个面膜。

Zuótiān wǎnshang, wǒ zuòle ge miànmó.

어제 저녁에 저는 마스크 팩을 했습니다.

면접 전날 수면 상태

昨晚你睡得好吗?

Zuó wǎn nǐ shuì de hǎo ma?

당신은 어제 저녁에 잘 잤습니까?

---

(1) 我昨晚睡得还可以。

Wǒ zuó wǎn shuì de hái kěyǐ.

저는 어제 그럭저럭 잘 잤습니다.

(2) 因为我有点紧张， 所以我昨晚睡得不太好。

Yīnwèi wǒ yǒudiǎn jǐnzhāng, suǒyǐ wǒ zuó wǎn shuì de bú tài hǎo.

제가 조금 긴장을 해서, 어제 저녁에 잠을 잘 못 잤습니다.

(3) 我昨晚睡得很好。

Wǒ zuówǎn shuì de hěn hǎo.

저는 어제 저녁에 아주 잘 잤습니다.

(4) 我昨晚睡得很熟。

Wǒ zuówǎn shuì de hěn shú.

저는 어제 저녁에 푹 잤습니다.

(5) 我昨天晚上睡得很晚。

Wǒ zuótiān wǎnshang shuì de hěn wǎn.

저는 어제 저녁에 늦게 잠들었습니다.

면접 날 메이크업

今天谁给你打扮?

Jīntiān shéi gěi nǐ dǎbàn?

오늘 메이크업은 누가 해줬나요?

(1) 我今天亲自做化装。

Wǒ jīntiān qīnzì zuò huàzhuāng.

오늘 저는 혼자서 직접 메이크업을 했습니다.

(2) 是在化妆店接受的化妆。

Shì zài huàzhuāng diàn jiēshòu de huàzhuāng.

메이크업 샵에서 메이크업을 받았습니다.

'打扮(꾸미다)'은 헤어, 메이크업, 코디 모두 지칭할 수 있어요.

지원 횟수

这是第一次面试吗?

Zhè shì dì yí cì miànshì ma?

이번이 첫 지원인가요?

---

(1) 是的, 我是第一次参加的。

Shì de, wǒ shì dìyícì cānjiā de.

그렇습니다. 저는 처음 참가한 것입니다.

(2) 不是, 我是第二次参加的。

Búshì, wǒ shì dìèrcì cānjiā de.

아닙니다. 저는 두 번째 참가한 것입니다.

(3) 不是, 我是第三次参加的。

Búshì, wǒ shì dìsāncì cānjiā de.

아닙니다. 저는 세 번째 참가한 것입니다.

(4) **不是，我已经参加过。**

Búshì, wǒ yǐjīng cānjiāguo.

아닙니다. 저는 이미 참가한 적이 있습니다.

개인 관련 Talk

41

SNS에 관한 견해

人们为什么爱用社交网络呢?

Rénmen wèishénme ài yòng shèjiāo wǎngluò ne?

사람들은 왜 SNS(사회관계망서비스)를 좋아할까요?

(1)   因为人们通过社交网络能跟别人沟通。

Yīnwèi rénmen tōngguò shèjiāo wǎngluò néng gēn biérén gōutōng.

왜냐하면 사람들은 SNS를 통해서 다른 사람들과 소통할 수 있기 때문입니다.

(2)   因为人们通过社交网络能感觉到幸福。

Yīnwèi rénmen tōngguò shèjiāo wǎngluò néng gǎnjué dào xìngfú.

왜냐하면 사람들은 SNS를 통해 행복을 느끼기 때문입니다.

(3)   因为人们通过社交网络能跟朋友们分享生活。

Yīnwèi rénmen tōngguò shèjiāo wǎngluò néng gēn péngyoumen
fēnxiǎng shēnghuó.

왜냐하면 사람들은 SNS를 통해 친구들과 삶을 나눌 수 있기 때문입
니다.

(4)   因为通过社交网络就能认识到各国的人们， 并可以跟他
们交流。

Yīnwèi tōngguò shèjiāo wǎngluò jiù néng rènshi dào gèguó de
rénmen, bìng kěyǐ gēn tāmen jiāoliú.

왜냐하면 SNS를 통해 각국의 사람들을 사귈 수 있으며, 그들과 소통
할 수 있기 때문입니다.

42

색깔로 자기 표현하기

用一种颜色来形容一下你自己。

Yòng yì zhǒng yánsè lái xíngróng yíxià nǐ zìjǐ.

한 가지 색깔로 당신을 표현해 보세요.

❖ **我好像 (답변1) 一样,因为能给别人(답변2)。**

Wǒ hǎoxiàng (　　　) yíyàng, yīnwèi néng gěi biérén (　　　).

저는 마치 (　　　)과도 같습니다. 왜냐하면 사람들에게 (　　　)을
(를) 주기 때문입니다.

白色	Báisè	하얀색
黑色	Hēisè	검은색
蓝色	Lán sè	파란색
黄色	Huángsè	노란색
粉红色	Fěnhóngsè	분홍색
红色	Hóng sè	빨간색
绿色	Lǜsè	녹색
橙色	Chéngsè	오렌지색
金色	Jīnsè	금색
银色	Yínsè	은색

安全感	Ānquángǎn	안정감
幸福	Xìngfú	행복
活力	Huólì	활력
勇气	Yǒngqì	용기
快乐	Kuàilè	기쁨
动力	Dònglì	원동력
温暖	Wēnnuǎn	따뜻함

최근의 고민거리

最近你有什么烦恼?

Zuìjìn ní yǒu shénme fánnǎo?

최근 당신은 어떤 고민이 있나요?

(1) 我从小就很想当空乘， 所以为了自己的梦想一直坚持地努力和奋斗， 但我经历了一次又一次的挫折以后， 突然就开始担心， 是不是自己的梦想不够实际， 太遥不可及。 虽然我还是害怕自己再一次要面对失败， 但我为了让自己的梦想成真， 就算再一次面对失败， 也不会放弃这个梦想， 我会勇敢地面对结果的， 谢谢。

Wǒ cóngxiǎo jiù hěn xiǎng dāng kōngchéng, suǒyǐ wéile zìjǐ de mèngxiǎng yìzhí jiānchí de nǔlì hé fèndòu, dàn wǒ jīnglìle yícì yòu yícì de cuòzhé yǐhòu, tūrán jiù kāishǐ dānxīn, shì búshì zìjǐ de mèngxiǎng búgòu shíjì, tài yáo bùkějí. Suīrán wǒ háishì hàipà zìjǐ zài yícì yào miàn duì shībài, dàn wǒ wèile ràng zìjǐ de mèngxiǎng chéng zhēn, jiùsuàn zài yícì miàn duì shībài, yě bú huì fàngqì zhège mèngxiǎng, wǒ huì yǒnggǎn de miàn duì jiéguǒ de, xièxie.

저는 어릴 적부터 승무원이 되는 것이 꿈이었습니다. 그래서 저의 꿈을 위해 줄곧 노력하고 도전해왔습니다. 하지만 한 번 또 한 번의 좌절을 겪고 난 후 갑자기 걱정이 되기 시작했습니다. 저의 꿈이 비현실적인 것은 아닌지, 너무 멀어 닿을 수 없는 꿈은 아닌지 하고 말입니다. 비록 저는 지금도 여전히 다시 한 번 실패를 마주하게 될까 봐 두렵지만, 저의 꿈을 이루기 위해서 다시 한 번 실패를 마주한다고 할지라도 이 꿈을 포기하지 않을 것이며, 용감하게 결과를 마주하겠습니다. 감사합니다.

(2) 因为我体质很容易发胖， 所以我最大的烦恼就是减肥。
以前， 我为了减肥吃过减肥药， 节过食， 做过过量的运
动。 但是， 我发现这些都对身体不好。 因此， 目前为了
减肥平时多注意饮食， 然后每天做适量的运动。 谢谢。

Yīnwèi wǒ tǐzhì hěn róngyì fāpàng, suǒyǐ wǒ zuìdà de fánnǎo jiùshì jiǎnféi. Yǐqián, wǒ wèile jiǎnféi chīguo jiǎnféi yào, jiéguò shí, zuòguo guòliàng de yùndòng. Dànshì, wǒ fāxiàn zhèxiē dōu duì shēntǐ bù hǎo. Yīncǐ, mùqián wèile jiǎnféi píngshí duō zhùyì yǐnshí, ránhòu měitiān zuò shìliàng de yùndòng. Xièxie.

저는 살이 잘 찌는 체질입니다. 그래서 다이어트가 바로 저의 최대 고민입니다. 이전에는 다이어트를 위해서 다이어트 약도 먹어보고, 절식도 해보고, 과도하게 운동도 해보았습니다. 하지만 저는 이러한 것들이 모두 건강해 해롭다는 것을 깨달았습니다. 그래서 지금은 다이어트를 위해 평소에 먹는 것을 더 주의하고, 매일 적당량의 운동을 합니다. 감사합니다.

(3) 我的汉语水平不是那么好，　所以我好烦恼。听和说还好，
但读和写特别难。　可是，　学习任何一门语言都要付出一
番努力，　所以我还要努力学习下去。　谢谢。

Wǒ de hànyǔ shuǐpíng búshì nàme hǎo, suǒyǐ wǒ hǎo fánnǎo.
Tīng hé shuō hái hǎo, dàn dú hé xiě tèbié nán. Kěshì, xuéxí rènhé
yì mén yǔyán dōu yào fùchū yì fān nǔlì, suǒyǐ wǒ hái yào nǔlì
xuéxí xiàqù. Xièxie.

저의 중국어 실력은 그리 좋지 못합니다. 그래서 저는 굉장히 고민스
럽습니다. 듣고 말하는 것은 나쁘지 않으나, 읽고 쓰는 것이 특히 어렵
습니다. 하지만 어떤 언어를 배우든 두 배의 노력이 필요한 법이기 때
문에, 저는 더욱 열심히 배워 나갈 것입니다. 감사합니다.

44

평소의 체력관리

你平时如何锻炼身体?

Nǐ píngshí rúhé duànliàn shēntǐ?

평소에 당신은 어떻게 신체를 단련하나요?

(1) 每天业余时间, 我在家里固定锻炼一两个小时， 一边看电视， 一边做瑜伽或普拉提。 这样锻炼不会觉得很枯燥, 反而觉得很方便。

Měitiān yèyú shíjiān, wǒ zài jiālǐ gùdìng duànliàn yìliǎng ge xiǎoshí, yìbiān kàn diànshì, yìbiān zuò yújiā huò pǔlātí. zhèyàng duànliàn bú huì juéde hěn kūzào, fǎn'ér juéde hěn fāngbiàn.

매일 시간이 날 때면 저는 집에서 한두 시간 정도 꾸준히 운동을 합니다. 텔레비전을 보면서 요가나 필라테스를 합니다. 이렇게 운동을 하면 지겹지도 않을뿐더러 오히려 편리합니다.

(2) 每天业余时间， 我在家附近的公园或是院子里跳绳。 我
尽量固定每天跳绳三十分钟。 这样跳绳也可以减肥， 也
可以增加体力。

Měitiān yèyú shíjiān, wǒ zài jiā fùjìn de gōngyuán huò shì yuànzi lǐ tiàoshéng. Wǒ jǐnliàng gùdìng měitiān tiàoshéng sānshí fēnzhōng. zhèyàng tiàoshéng yě kěyǐ jiǎnféi, yě kěyǐ zēngjiā tǐlì.

매일 시간이 날 때면 저는 집 근처 공원이나 마당에서 줄넘기를 합니다. 저는 최대한 꾸준히 매일 30분은 줄넘기를 하고 있고 이렇게 줄넘기를 하면 다이어트를 할 수 있을 뿐 아니라 체력 또한 기를 수 있습니다.

(3) 我每天去健身会所锻炼身体。 我按照教练的指导好好去
做运动。

Wǒ měitiān qù jiànshēn huìsuǒ duànliàn shēntǐ. Wǒ ànzhào jiàoliàn de zhǐdǎo hǎohǎo qù zuò yùndòng.

저는 매일 헬스클럽에서 가서 운동을 합니다. 저는 코치의 지도에 따라서 열심히 운동을 합니다.

(4) 我喜欢去我家附近的公园散步或跑步。 这时候， 我散散心， 顺便也清理一下思路。 这样做一边能缓解压力， 一边能锻炼身体， 就是一举两得。

Wǒ xǐhuan qù wǒjiā fùjìn de gōngyuán sànbù huò pǎobù. Zhè shíhòu, wǒ sànsànxīn, shùnbiàn yě qīnglǐ yíxià sīlù. Zhèyàng zuò yìbiān néng huǎnjiě yālì, yìbiān néng duànliàn shēntǐ, jiùshì yìjǔliǎngdé.

저는 집 근처 공원에서 산책을 하거나 달리기를 하는 것을 좋아합니다. 이때 저는 마음을 편하게 갖고 생각을 정리합니다. 이렇게 하면 스트레스를 풀 수도 있고, 운동도 할 수 있으니 그야말로 일거양득입니다.

(5) 我每天早上去游泳池游泳。 我从小就很喜欢游泳， 所以我已经习惯了。 我通过游泳能增加耐力， 也能保持身体健康。

Wǒ měitiān zǎoshang qù yóuyǒngchí yóuyǒng. Wǒ cóngxiǎo jiù hěn xǐhuan yóuyǒng, suǒyǐ wǒ yǐjīng xíguànle. Wǒ tōngguò yóuyǒng néng zēngjiā nàilì, yě néng bǎochí shēntǐ jiànkāng.

저는 매일 아침 수영장에 가서 수영을 합니다. 저는 어릴 때부터 수영을 좋아했습니다. 그래서 이미 습관이 되었습니다. 저는 수영을 통해서 인내심도 기르고 건강도 유지합니다.

(6) 我清早起来先喝一杯水， 再去骑自行车。我喜欢去汉江公
园一边听音乐， 一边兜风。 这样做不会觉得无聊， 反而
觉得很舒畅。

Wǒ qīngzǎo qǐlái xiān hē yìbēi shuǐ, zài qù qí zìxíngchē. Wǒ
xǐhuan qù hànjiāng gōngyuán yìbiān tīng yīnyuè, yìbiān dōufēng.
Zhèyàng zuò bú huì juéde wúliáo, fǎn'ér juéde hěn shūchàng.

저는 매일 아침 일어나 먼저 물 한 잔을 마십니다. 그러고 나서 자전
거를 타러 갑니다. 저는 한강 공원에서 음악을 들으면서 바람을 쐬는
것을 좋아합니다. 이렇게 하면 지겹지도 않을뿐더러 오히려 상쾌함을
느낄 수 있습니다.

45

첫 월급을 받는다면

你用第一次收到的工资想做什么?

Nǐ yòng dìyícì shōu dào de gōngzī xiǎng zuò shénme?

당신은 처음 받은 월급으로 무엇을 하고 싶은가요?

(1)　在韩国有一种习俗。 如果有一个人收到第一次的工资， 那么一般送给父母一套内衣。 因为内衣代表父母给我们的爱情和温暖。 所以我想用第一次收到的工资买给我父母一套内衣。

Zài hánguó yǒu yì zhǒng xísú. Rúguǒ yǒu yí gerén shōu dào dìyícì de gōngzī, nàme yìbān sòng gěi fùmǔ yí tào nèiyī. Yīnwèi nèiyī dàibiǎo fùmǔ gěi wǒmen de àiqíng hé wēnnuǎn. Suǒyǐ wǒ xiǎng yòng dì yí cì shōu dào de gōngzī mǎi gěi wǒ fùmǔ yí tào nèiyī.

한국에는 한 가지 풍습이 있습니다. 만약 어떤 사람이 첫 월급을 받으면 부모님께 내의를 한 벌 사드립니다. 왜냐하면 내의는 부모님이 저희에게 주신 사랑과 따뜻함을 표현하기 때문입니다. 그래서 저는 첫 월급을 받으면 부모님께 내의 한 벌을 사드리고 싶습니다.

(2)　我想把自己的工资存在银行里。　因为这是我人生第一次收
到的工资，　所以很舍不得花。　我想好好儿的纪念一下。

Wǒ xiǎng bǎ zìjǐ de gōngzī cúnzài yínháng li. Yīnwèi zhè shì wǒ
rénshēng dìyícì shōudào de gōngzī, suǒyǐ hěn shěbude huā. Wǒ
xiǎng hǎohāor de jìniàn yíxià.

저는 저의 월급을 은행에 저금하고 싶습니다. 왜냐하면 이것은 제 인
생의 첫 번째 월급이기 때문에 아까워 쓰지 못할 것 같습니다. 저는
(첫 월급을) 기념하고 싶습니다.

(3)　我想请父母和朋友吃饭。　因为他们一直以来支持我，　相
信我，　所以我很想报答他们。

Wǒ xiǎng qǐng fùmǔ hé péngyou chīfàn. Yīnwèi tāmen yìzhí yǐlái
zhīchí wǒ, xiāngxìn wǒ, suǒyǐ wǒ hěn xiǎng bàodá tāmen.

저는 부모님과 친구들에게 밥을 사주고 싶습니다. 그들은 지금까지 저
를 지지해주었으며 저를 믿어 주었습니다. 그래서 저는 그들에게 보답
하고 싶습니다.

(4) 我想把所有的钱都给我父母， 这是我给他们的心意。 他
们一直为我牺牲了很多， 也付出了很多， 所以我想报答他
们。

Wǒ xiǎng bǎ suǒyǒu de qián dōu gěi wǒ fùmǔ, zhè shì wǒ gěi
tāmen de xīnyì. Tāmen yìzhí wèi wǒ xīshēngle hěnduō, yě fùchūle
hěnduō, suǒyǐ wǒ xiǎng bàodá tāmen.

저는 모든 돈을 부모님께 드리고 싶습니다. 이것은 제가 부모님께 드리
는 마음입니다. 부모님은 지금까지 저를 위해서 많은 것을 희생하셨고,
많은 것을 해주셨습니다. 그래서 저는 부모님께 보답하고 싶습니다.

스트레스 관리

你平时怎样缓解压力?

Nǐ píngshí zěnyàng huǎnjiě yālì?

당신은 평상시에 어떻게 스트레스를 해소하나요?

(1) 我受到压力的时候, 常出去外面走路。散步的时候, 我
能清理思绪, 并能放松自己。

Wǒ shòudào yālì de shíhòu, cháng chūqù wàimiàn zǒulù. Sànbù
de shíhòu, wǒ néng qīnglǐ sīxù, bìng néng fàngsōng zìjǐ.

저는 스트레스를 받으면 밖으로 나가 걷습니다. 산책을 할 때 저는 생
각도 정리할 수 있고, 마음도 편해집니다.

(2) 我受到压力的时候, 常去锻炼身体。 流大汗以后, 就感
觉变得很轻松。

Wǒ shòudào yālì de shíhòu, cháng qù duànliàn shēntǐ. Liú dà hàn
yǐhòu, jiù gǎnjué biàn de hěn qīngsōng.

저는 스트레스를 받으면 주로 운동을 하러 갑니다. 땀을 흠뻑 흘리고
난 후에는 기분이 가벼워집니다.

(3) 我受到压力的时候， 约朋友一起出来聊聊天， 很多自己
的心事说出来了， 那么心里就会觉得舒畅。

Wǒ shòudào yālì de shíhòu, yuē péngyou yìqǐ chūlái liáo liáotiān,
hěnduō zìjǐ de xīnshì shuō chūláile, nàme xīnlǐ jiù huì juéde
shūchàng.

저는 스트레스를 받으면 친구를 만나 이야기를 나눕니다. 마음속의
많은 이야기들을 끄집어내고 나면 마음이 시원해집니다.

(4) 我受到压力的时候， 常常一个人在家里全身放松听自己喜
欢的音乐， 让自己的心静下来。

Wǒ shòudào yālì de shíhòu, chángcháng yíge rén zài jiālǐ
quánshēn fàngsōng tīng zìjǐ xǐhuan de yīnyuè, ràng zìjǐ de xīnjìng
xiàlái.

저는 스트레스를 받으면 주로 혼자 집에서 모든 긴장을 풀고, 제가 좋
아하는 음악을 들으며 저의 마음을 편안하게 만들어 줍니다.

(5)　我受到压力的时候，　常常一个人去书店买书. 我通过读书
　　　能遇到世界各国的朋友们，　也能得到许多智慧。

Wǒ shòudào yālì de shíhòu, chángcháng yíge rén qù shūdiàn mǎi
shū. Wǒ tōngguò dúshū néng yù dào shìjiè gèguó de péngyoumen,
yě néng dédào xǔduō zhìhuì.

저는 스트레스를 받으면 주로 혼자서 서점에 가 책을 삽니다. 독서를
통해서 세계 각국의 사람들을 만날 수 있고, 많은 지혜도 얻을 수 있
습니다.

(6)　我受到压力的时候，　好好睡觉。　醒过来了，　那就忘掉那
　　　些不开心的事情。

Wǒ shòudào yālì de shíhòu, hǎohǎo shuìjiào. Xǐng guòláile, nà jiù
wàngdiào nàxiē bù kāixīn de shìqíng.

저는 스트레스를 받으면 푹 잡니다. 일어나고 나면 나쁜 일들을 잊어
버립니다.

47

성형수술에 대한 견해

你对整容手术有什么看法?

Nǐ duì zhěngróng shǒushù yǒu shénme kànfǎ?

당신은 성형수술에 대해서 어떤 견해를 가지고 있나요?

(1) **如果通过整容能找到幸福， 那没有关系。**

Rúguǒ tōngguò zhěngróng néng zhǎodào xìngfú, nà méiyǒu guānxi.

만약 성형수술을 통해 행복을 찾을 수 있다면 상관없다고 생각합니다.

(2) **如果通过整容能找回自信， 那也好。**

Rúguǒ tōngguò zhěngróng néng zhǎo huí zìxìn, nà yě hǎo.

성형 수술을 통해 자신감을 되찾을 수 있다면 그 또한 좋다고 생각합니다.

(3) **整容是个人的选择， 所以我觉得没什么问题。**

Zhěngróng shì gèrén de xuǎnzé, suǒyǐ wǒ juéde méishénme wèntí.

성형수술은 개인의 선택입니다, 그래서 저는 문제가 되지 않는다고 생각합니다.

오늘의 날씨

今天天气怎么样?

Jīntiān tiānqì zěnmeyàng?

오늘 날씨 어떤가요?

(1) 今天天气很好。

Jīntiān tiānqì hěn hǎo.

오늘은 날씨가 좋습니다.

(2) 今天天气不太好。

Jīntiān tiānqì bú tài hǎo.

오늘은 날씨가 좋지 않습니다.

(3) 今天天气很热。

Jīntiān tiānqì hěn rè.

오늘은 날씨가 덥습니다.

(4)　今天天气有点热。

Jīntiān tiānqì yǒudiǎn rè.

오늘은 날씨가 조금 덥습니다.

(5)　今天天气很冷。

Jīntiān tiānqì hěn lěng.

오늘은 날씨가 춥습니다.

(6)　今天天气有点冷。

Jīntiān tiānqì yǒudiǎn lěng.

오늘은 날씨가 조금 춥습니다.

날짜 관련

今天的日期
Jīntiān de rìqī

오늘의 날짜

Q) 今天几月几号 (日) ?

Jīntiān jǐ yuè jǐ hào (rì)?

오늘 몇 월 몇 일인가요?

❖ 今天( )月( )号。

Jīntiān ( )yuè ( )hào

오늘은 ( )월 ( )일입니다.

Q) 今天星期几?

Jīntiān xīngqī jǐ?

오늘은 무슨 요일인가요?

❖　今天星期(　　)。

Jīntiān xīngqī (　　).

오늘은 (　　)요일입니다.

一	yī	월
二	èr	화
三	sān	수
四	sì	목
五	wǔ	금
六	liù	토
天	tiān	일

최근 본 영화

你最近看过什么电影?

Nǐ zuìjìn kànguo shénme diànyǐng?

당신은 최근에 어떤 영화를 보았나요?

---

(1) 不好意思， 我最近没看过电影。

Bù hǎoyìsi, wǒ zuìjìn méi kànguo diànyǐng.

죄송합니다, 저는 최근에 영화를 본 적이 없습니다.

(2) 我最近看过 (영화제목)。 那部电影很好看!

Wǒ zuìjìn kànguo ( ). Nà bù diànyǐng hěn hǎokàn!

저는 최근에 ( )를 보았습니다. 그 영화는 너무 재미있었습니다!

(3) 我最近看过 (영화제목)。 那部电影很有意思!

Wǒ zuìjìn kànguo ( ). Nà bù diànyǐng hěn yǒuyìsi!

저는 최근에 ( )를 보았습니다. 그 영화는 너무 재미있었습니다!

51

여가 시간

你有空的时候， 常常做什么?

Nǐ yǒu kòng de shíhòu, chángcháng zuò shénme?

당신은 시간이 날 때 주로 무엇을 하나요?

❖ **我有空的时候， 常常** (취미 끌어오기) 。

Wǒ yǒu kòng de shíhòu, chángcháng (　　　).

저는 시간이 날 때 주로 (　　　)을 합니다.

> **| 예시 |**
>
> 我有空的时候， 常常骑自行车。
>
> Wǒ yǒu kòng de shíhòu, chángcháng qí zìxíngchē.
>
> 저는 시간이 나면 주로 자전거를 탑니다.

나에 대한 친구들의 평가

你的朋友们怎样评价你呢?

Nǐ de péngyoumen zěnyàng píngjià nǐ ne?

당신의 친구들은 당신을 어떻게 평가하나요?

❖ **我朋友们说,** (성격의 장점 편 끌어오기) 。

Wǒ péngyoumen shuō, (　　　).

제 친구들이 말하기는 저는 (　　　)합니다.

| 예시 |

我朋友们说, 我个性稳重, 办事认真, 不怕辛苦。

Wǒ péngyoumen shuō, Wǒ gèxìng wěnzhòng, bànshì rènzhēn, búpà xīnkǔ.

저의 친구들은 제가 신중한 성격이며, 업무에 성실히 임하고, 고생을 두려워하지 않는다고 합니다.

53

자신에 대한 점수

如果给你打分， 你想给自己几分呢?

Rúguǒ gěi nǐ dǎfēn, nǐ xiǎng gěi zìjǐ jǐ fēn ne?

만일 당신에게 점수를 매긴다면, 당신은 몇 점을 주고 싶나요?

(1) **我想给自己八分， 因为'八'这个数字给人的感觉很好。**

Wǒ xiǎng gěi zìjǐ bā fēn, yīnwèi 'bā' zhège shùzì gěi rén de gǎnjué hěn hǎo.

저는 저 자신에게 8점을 주고 싶습니다. 왜냐하면 숫자 8이 주는 느낌이 좋기 때문입니다. (중국에서 숫자 8은 '부유해짐'을 뜻함)

(2) **我想给自己九分， 因为我还不完美。**

Wǒ xiǎng gěi zìjǐ jiǔ fēn, yīnwèi wǒ hái bù wánměi.

저는 저 자신에게 9점을 주고 싶습니다. 왜냐하면 저는 아직 완벽하지 않기 때문입니다.

(3) 我想给自己九分， 因为我希望在贵公司工作很久很久。

Wǒ xiǎng gěi zìjǐ jiǔ fēn, yīnwèi wǒ xīwàng zài guì gōngsī
gōngzuò hěnjiǔ hěnjiǔ.

저는 저에게 9점을 주고 싶습니다. 왜냐하면 저는 귀사에서 아주 오랫
동안 일하고 싶기 때문입니다. (중국에서 숫자 9는 '긴 시간'을 뜻함)

(4) 我想给自己满分， 因为我为了今天的面试下了很多工夫。

Wǒ xiǎng gěi zìjǐ mǎnfēn, yīnwèi wǒ wèile jīntiān de miànshì
xiàle hěnduō gōngfu.

저는 저 자신에게 만점을 주고 싶습니다. 왜냐하면 저는 오늘 면접을
위해 많은 노력을 들였기 때문입니다.

좌우명

你的座右铭是什么?

Nǐ de zuòyòumíng shì shénme?

당신의 좌우명은 무엇인가요?

(1) 我的座右铭是不管做什么事都要全力以赴。

Wǒ de zuòyòumíng shì bùguǎn zuò shénme shì dōu yào quánlì yǐfù.

저의 좌우명은 어떤 일을 하든지 끝까지 최선을 다하자입니다.

(2) 我的座右铭是不管做什么事都要竭尽全力。

Wǒ de zuòyòumíng shì bùguǎn zuò shénme shì dōu yào jiéjìn quánlì.

저의 좌우명은 어떤 일을 하든지 끝까지 전심전력을 다하자입니다.

(3)　我的座右铭是不管做什么事都要持之以恒。

Wǒ de zuòyòumíng shì bùguǎn zuò shénme shì dōu yào chízhīyǐhéng.

저의 좌우명은 어떤 일을 하든지 포기하지 않고 끝까지 해내자입니다.

(4)　我的座右铭是不管做什么事都坚持到最后一刻。

Wǒ de zuòyòumíng shì bùguǎn zuò shénme shì dōu jiānchí dào zuìhòu yíkè.

저의 좌우명은 어떤 일을 하든지 마지막 그 순간까지 최선을 다하자입니다.

(5)　我的座右铭是不管做什么事都尽最大努力完成任务。

Wǒ de zuòyòumíng shì bùguǎn zuò shénme shì dōu jǐn zuìdà nǔlì wánchéng rènwù.

저의 좌우명은 어떤 일을 하든지 최고의 노력으로 맡은 일을 완성해 내자입니다.

(6)　　我的座右铭是"有志者事竟成"这句名言。

Wǒ de zuòyòumíng shì "yǒuzhì zhě shì jìng chéng" zhè jù
míngyán.

저의 좌우명은 '뜻이 있는 곳에 길이 있다.'라는 이 명언입니다.

(7)　　我的座右铭是"锲而不舍，　金石可镂。" 这句名言。

Wǒ de zuòyòumíng shì "qiè'érbùshě, jīnshí kě lòu." Zhè jù
míngyán.

저의 좌우명은 '중도에 포기하지 않으면 쇠나, 돌에도 새길 수 있다'라
는 이 명언입니다.

(8)　　我的座右铭是每天要感恩生活。

Wǒ de zuòyòumíng shì měitiān yào gǎn'ēn shēnghuó.

저의 좌우명은 '매일 삶에 감사하자'입니다.

(9) 我的座右铭是"只要功夫深， 铁杵磨成针"这句俗话。

Wǒ de zuòyòumíng shì "zhǐyào gōngfu shēn, tiě chǔ mó chéng zhēn" zhè jù súhuà.

저의 좌우명은 '열심히 공을 들이면 쇳덩어리도 바늘로 만들 수 있다.(지성이면 감천이다)'라는 이 속담입니다.

(10) 我喜欢"愚公移山"这个成语。 这就是我的座右铭。

Wǒ xǐhuan "yúgōngyíshān" zhège chéngyǔ. Zhè jiùshì wǒ de zuòyòumíng.

저는 우공이산(어려움을 두려워하지 않고, 강한 의지와 끈기로 끝까지 해내다)이라는 이 성어를 좋아합니다. 이것이 바로 저의 좌우명입니다.

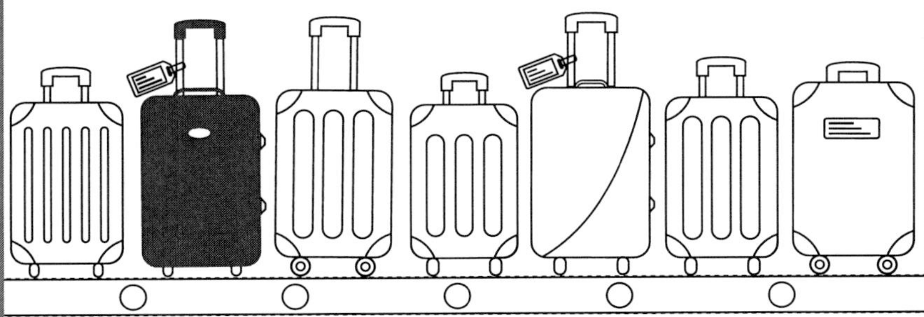

用汉语介绍一下我们航空公司。

Yòng hànyǔ jièshào yíxià wǒmen hángkōng gōngsī.

중국어로 우리 항공사를 소개해 보세요.

대한항공
(大韩航空)

大韩航空作为天合联盟成员， 致力于为全球旅客提供最完美的飞行服务。 谢谢。

Dàhán hángkōng zuòwéi tiān hé liánméng chéngyuán, zhìlì yú wèi quánqiú lǚkè tígōng zuì wánměi de fēixíng fúwù. Xièxie.

대한항공은 스카이 팀 회원사로서, 전 세계 여행객들에게 가장 완벽한 비행 서비스를 제공하기 위해 전력을 다하고 있습니다. 감사합니다.

아시아나항공
(韩亚航空)

韩亚航空致力于为全球旅客提供最安全， 最精细的服务。 谢谢。

Hányà hángkōng zhìlì yú wèi quánqiú lǚkè tígōng zuì ānquán, zuì jīngxì de fúwù. Xièxie.

아시아나항공은 전 세계 여행객들에게 가장 안전하고 가장 섬세한 서비스를 제공하기 위해 전력을 다하고 있습니다. 감사합니다.

제주항공
(济州航空)

济州航空作为韩国最大的廉价航空， 致力于为全球旅客提供最合理地服务。 谢谢。

Jìzhōu hángkōng zuòwéi hánguó zuìdà de liánjià hángkōng, zhìlì yú wèi quánqiú lǚkè tígōng zuì hélǐ de fúwù. Xièxie.

제주항공은 한국 최대의 LCC로서, 전 세계 여행객들에게 가장 합리적인 서비스를 제공하기 위해 전력을 다하고 있습니다. 감사합니다.

티웨이항공
(德威航空)

德威航空致力于为全球旅客提供最安全，最精致的服务。谢谢。

Dé wēi hángkōng zhìlì yú wèi quánqiú lǚkè tígōng zuì ānquán, zuì jīngzhì de fúwù. Xièxie.

티웨이항공은 전 세계 여행객들에게 가장 안전하고 가장 정교한 서비스를 제공하기 위해 최선을 다하고 있습니다. 감사합니다.

이스타항공
（易斯达航空）

易斯达航空作为创导航空旅游大众化的领导者， 致力于为全球
旅客高度重视飞行安全和完美的服务。 谢谢。

Yìsīdá hángkōng zuòwéi chuàngdǎo háng kōng lǚyóu dàzhònghuà de
lǐngdǎo zhě, zhìlì yú wèi quánqiú lǚkè gāodù zhòngshì fēixíng ānquán
hé wánměi de fúwù. Xièxie.

이스타항공은 항공여행의 대중화를 이끄는 리더로서, 전 세계 여행객들을
위해 비행안전과 완벽한 서비스에 심혈을 기울이고 있습니다.

진에어
(真航空)

真航空作为韩国的廉价航空公司，致力于为全球旅客提供最合理的服务。谢谢。

Zhēn hángkōng zuòwéi hánguó de liánjià hángkōng gōngsī, zhìlì yú wèi quánqiú lǚkè tígōng zuì hélǐ de fúwù. Xièxie.

진에어는 한국의 LCC로서 전 세계 여행객들을 위해 가장 합리적인 서비스를 제공하는 데 전력을 다하고 있습니다.

에어부산
(釜山航空)

釜山航空致力于为全球旅客提供最完美的安全， 最有价值的服务。 谢谢。

Fǔshān hángkōng zhìlì yú wèi quánqiú lǚkè tígōng zuì wánměi de ānquán, zuì yǒu jiàzhí de fúwù. Xièxie.

에어 부산은 전 세계 여행객들을 위해 가장 완벽한 안전과 가장 가치 있는 서비스를 제공하는 데 전력을 다하고 있습니다. 감사합니다.

에어서울
(首尔航空)

首尔航空致力于为全球旅客提供最安全最合理的服务。 谢谢。

Shǒu'ěr hángkōng zhìlì yú wèi quánqiú lǚkè tígōng zuì ānquán zuì hélǐ de fúwù. Xièxie.

에어서울은 전 세계 여행객들을 위해 가장 안전하고, 가장 합리적인 서비스를 제공하는 데 전력을 다하고 있습니다.

중국동방항공
(中国东方航空)

中国东方航空公司作为中国国有三大航空公司之一， 作为天合联盟成员， 致力于为全球旅客提供"精准，精致，精细"的服务。 谢谢。

Zhōngguó dōngfāng hángkōng gōngsī zuòwéi zhōngguó guóyǒu sān dà hángkōng gōngsī zhī yī, zuòwéi tiān hé liánméng chéngyuán, zhìlì yú wèi quánqiú lǚkè tígōng "jīngzhǔn, jīngzhì, jīngxì" de fúwù. Xièxie.

중국동방항공은 중국 3대 항공사 중 하나이자， 국영항공사이며, 스카이 팀 회원사로서, 전 세계 여행객들을 위해 정확하고, 정교하며, 세심한 서비스를 제공하는 데 전력을 다하고 있습니다. 감사합니다.

하이난항공
(海南航空)

海南航空公司致力于为全球旅客提供全方位无懈可击的服务。
谢谢。

Hǎinán hángkōng gōngsī zhìlì yú wèi quánqiú lǚkè tígōng quán fāngwèi wúxièkějī de fúwù. Xièxie.

하이난항공은 전 세계 여행객들을 위해 전 방위적으로 빈틈 없는 서비스를 제공하는 데 전력을 다하고 있습니다. 감사합니다.

중국남방항공
(中国南方航空)

中国南方航空作为天合联盟成员， 致力于为全球旅客提供 “可靠， 准点， 便捷”的服务。 谢谢。

Zhōngguó nánfāng hángkōng zuòwéi tiān hé liánméng chéngyuán, zhìlì yú wèi quánqiú lǚkè tígōng "kěkào, zhǔndiǎn, biànjié" de fúwù. Xièxie.

중국남방항공은 스카이 팀 회원사로서, 전 세계 여행객들에게 신뢰할 수 있으며, 정확하고, 편안한 서비스를 제공하기 위해 전력을 다하고 있습니다. 감사합니다.

중국국제항공
（中国国际航空）

中国国际航空作为中国唯一载国旗飞行的民用航空公司， 致力于为全球旅客提供最安全， 最满意的服务。 谢谢。

Zhōngguó guójì hángkōng zuòwéi zhōngguó wéiyī zài guóqí fēixíng de mínyòng hángkōng gōngsī, zhìlì yú wèi quánqiú lǚkè tígōng zuì ānquán, zuì mǎnyì de fúwù. Xièxie.

중국국제항공은 중국의 유일한 민영 국적기로서, 전 세계 여행객들에게 가장 안전하고 가장 만족스러운 서비스를 제공하기 위해 최선을 다하고 있습니다. 감사합니다.

천진항공
（天津航空）

天津航空致力于为全球旅客提供轻松，便捷的航空服务。谢谢。

Tiānjīn hángkōng zhìlì yú wèi quánqiú lǚkè tígōng qīngsōng, biànjié de hángkōng fúwù. Xièxie.

천진항공은 전 세계 여행객들을 위해 편안하고 편리한 항공 서비스를 제공하는 데 전력을 다하고 있습니다. 감사합니다.

중화항공
(中华航空)

中华航空作为天合联盟成员， 致力于为全球旅客提供最满意
的航空服务。 谢谢。

Zhōnghuá hángkōng zuòwéi tiān hé liánméng chéngyuán, zhìlì yú wèi
quánqiú lǚkè tígōng zuì mǎnyì de hángkōng fúwù. Xièxie.

중화항공은 스카이 팀 회원사로서, 전 세계 여행객들을 위해 가장 만족스러
운 항공 서비스를 제공하는 데 전력을 다하고 있습니다. 감사합니다.

중국어 토론면접
필수 표현

(1)　我们开始讨论吧!

Wǒmen kāishǐ tǎolùn ba!

우리 토론을 시작하도록 해요!

(2)　我可以先提出意见吗?

Wǒ kěyǐ xiān tíchū yìjiàn ma?

제가 먼저 의견을 제시해도 괜찮을까요?

(3)　我同意你的意见。

Wǒ tóngyì nǐ de yìjiàn.

저는 당신의 의견에 동의합니다.

(4)　我不同意你的意见。

Wǒ bù tóngyì nǐ de yìjiàn.

저는 당신의 의견에 동의하지 않습니다.

(5)　我也有那些经验。

Wǒ yěyǒu nàxiē jīngyàn.

저도 그런 경험들이 있습니다.

(6)　我的看法和你的一样。

Wǒ de kànfǎ hé nǐ de yíyàng.

제 생각도 당신과 같습니다.

(7)　你说的也有道理。

Nǐ shuō de yěyǒu dàolǐ.

당신의 말도 일리가 있네요.

(8)　别的同学呢?

Bié de tóngxué ne?

다른 분들은요?

(9)　没有别的意见吗?

Méiyou bié de yìjiàn ma?

다른 의견 없으신가요?

승무원 중국어면접
주의사항

1.
중국어 답변은 간단명료하게!

미사여구는 지양!

답변이 에세이 수준이거나,

너무 길면 면접관이 중간에서 끊어버려요!

화려한 문사는 버리고!

담백하고 명랑하게!

2.
어디서 많이 듣던 이야기하지 말자!

답변 내용은 개인의 경험에 의거해서!
개인의 경험에 바탕이 된 답변은 면접관의 호감을 부른다!

3.

연습만이 살 길이다!

자기소개, 취미, 특기, 장점, 단점, 지원 동기 등은
면접 때마다 늘 나오는 문제들!
백 번씩 읽고, 자다가도 줄줄~ 나올 수 있을 때까지
연습! 또 연습!
자기소개조차 어설프면 다음 질문 자체가 없다는 사실!

4.
말은 많은데 발음, 성조 엉망진창 안 돼요!

중국어를 오래 배우지 않았어도,
오래 배운 것처럼 착각이 들게 하는 비밀 무기는
바로 올바른 발음과 성조라는 것을 기억할 것!
중국어 면접 실력의 70% 이상은 발음, 성조!

5.

긴장은 정확도를 떨어뜨리는 적!

긴장하면 모든 답변의 정확도는 내려간다!

면접관의 질문이 다 끝나기도 전에,

답변에 급급해서 말 잘라먹지 있기? 없기?

평소에 중국어 답변 연습을 할 때부터

늘 미소를 지으며 중국어를 내뱉는 연습을 많이 해두세요!

그리고 면접관이 질문을 완료하면 1~2초 정도 기다렸다가

환하게 웃으며 답변 시작!

6.
과유불급!

당당하고 자신감 있는 모습은 멋있지만,

눈에서 이글이글 불타오르는 과도한 욕심이 보이는 순간 탈락!

7.
소극적인 자세는 버려라!

면접관이 요청하는 특별 사항은 무조건 멋지게 해낼 것!
특기 중 노래가 있어,
노래를 한 소절 요청하면 멋들어지게 한 곡 뽑아내기!

8.

밝은 미소는 합격 보증수표!

긍정적인 태도, 밝은 미소는
아름다운 미모와 몸매를 앞선다는 사실을 잊지 말 것!
면접의 기회가 주어진 것 그 자체에 감사하며,
매 순간 세상에서 가장 행복한 사람이 되어 면접에 임할 것!
서류통과의 기회조차 얻지 못한 그 사람이 나였을 수도 있다고
생각하면 행복하지 않을 수가 없다!

9.
비교하지 말 것!

왜? 左배우, 右모델일까?

면접장에만 서면 작아지는 그대!

선생님 따라 해보세요.

"그래 너 잘났다! 그래 너 예쁘다!"

그렇게 상대의 장점은 쿨하게 인정해버리고,

어깨 펴고, 무릎 붙이고 내가 속한 조에서 가장 밝은 태양이 될 것!

그날은 모두가 아름다운 날!

결국 태양같이 밝은 사람이 면접관의 눈에 띈다는

사실을 기억하기!

10.
중국어 면접은 언어교환이다!

중국인 면접관과의 대화는
마치 중국인 친구와 언어교환을 하고 있다는 마음으로
편안하게 주고받을 것!
면접관은 대화를 걸어오는데,
혼자 로봇처럼 외운 티 팍팍 내면서,
영혼 없는 대답만 늘어놓지 말 것!

11.
듣기는 결국 어휘력이다!

중국어 면접이라고 해서 엄청나게 어려운 것을 묻지는 않아요!

면접 시 듣기가 너무 걱정이 돼서

잠이 오지 않는 우리 승준생들은

평소에 新HSK단어장 1~4급까지 열심히 봐두세요!

결국 생활 회화에서 쓰이는 단어가

면접 키워드의 대부분을 차지한다는 사실! 꼭 기억하세요!

12.
포기는 금물!

병풍이었던 것 같아도 붙을 사람은
무조건 붙는 것이 바로 이 승무원 면접!
입장하는 순간부터 퇴장하는 순간까지 Nice하게!
가장 우아하고 매너 있는 모습으로 끝까지 최선을 다할 것!